W0095363

HEYNE KOCHBÜCHER

Eva Exner

DIE KÜCHE DER TOSKANA

150 Rezepte aus dem Weingarten Italiens

Original-Ausgabe

WILHELM HEYNE VERLAG
MÜNCHEN

HEYNE-KOCHBUCH
Nr. 07/4450

*Für meine Tochter Susanne, die mir
mit Übersetzungen und vielen Anregungen
bei der Arbeit geholfen hat*

Copyright © 1986
by Wilhelm Heyne Verlag GmbH & Co. KG, München
Umschlagfoto: Gerichte-Foto Burda-Verlag, München
Landschafts-Foto Martina Schlager, Augsburg
Zeichnungen: Helmi Haslreiter, München
Umschlaggestaltung: Atelier Ingrid Schütz, München
Printed in Germany 1986
Satz: Schaber, Wels
Druck und Bindung: Ebner Ulm

ISBN 3-453-40434-3

INHALT

Abkürzungen:

EL = Eßlöffel
TL = Teelöffel
l = Liter

Alle Rezepte sind, soweit nicht anders angegeben,
für vier Personen berechnet.

Toskanische Impressionen

In der (ganz durchschnittlichen) toskanischen Kleinstadt liegt die Morgensonne über der Piazza. Im Schatten der noch unversehrten mittelalterlichen Stadtmauer sitzen auf den gerade aufgereihten Plastikstühlen die älteren Männer des Orts — rauchend, beobachtend, dösend und immer wieder diskutierend.

Gegenüber in der Bar nehmen die Jüngeren schnell einen Campari oder ein Gläschen Landwein, hastig, denn sie sind auf dem Weg von der kleinen Bank nach Hause ins Geschäftchen, vom Großeinkauf zurück in die Hotelküche oder heim von der Besorgung der wichtigsten Sport- und Tageszeitung. Man hat es eilig, nimmt sich aber doch Zeit wenigstens zu einem kleinen Schwatz mit dem Wirt, dem Nachbarn an der Bar, vielleicht auch mit einem der hier sehr seltenen Touristen.

Ein einzelner Marktstand am Stadttor bietet frisches Gemüse, Obst und ein paar Blumensträuße an. Die Hausfrauen, die Taschen schwer vom Einkauf beim Fleischer oder im Konsumladen, der hier auf dem dünnbesiedelten Land der Supermercato schlechthin ist, machen hier halt. Frisches kauft man lieber beim Bauern, auch das geht nicht ohne ein paar Worte ab.

Ein Priester schreitet gemessen zur Kirche. Die Idylle ist

perfekt und unverändert wie seit Hunderten von Jahren. Denn wie ehedem ist die Piazza der Brennpunkt toskanischen Lebens, hier verdichtet es sich, wird deutbar und lesbar. Wer als Fremder hier ein paarmal gesehen worden ist und einige Worte italienisch spricht, wird mit einbezogen. Ihm wird der neueste Klatsch mitgeteilt, denn, ein absolutes Charakteristikum: Der Toskaner interessiert sich leidenschaftlich für jede Kleinigkeit im Leben um ihn herum — und erzählt sie gerne weiter. Hier laufen eigentlich die zypressenbestandenen Hügel und die Grenzen der Felder und Weinberge zusammen, denn man bespricht ausführlich und gestenreich ihren Zustand und Ertrag, was man ändern oder verkaufen möchte, und das alles bis ins kleinste Detail.

Auch wenn die grüngoldene toskanische Hügellandschaft nur relativ dünn besiedelt ist, wenn man oft lange Kilometer durch unberührtes Land fährt, ehe das nächste Ministädtchen erreicht ist, das hier das Dorf ersetzt: Der Mensch ist hier das Maß aller Dinge. Die Landschaft ist seit jeher vom Menschen kultiviert, so natürlich sie auch wirkt. Mit seinem instinktiven Sinn für Maß und Harmonie hat der Toskaner sein Land in vollkommener Schönheit gestaltet.

Wie kann man eine so große Provinz, die vom Kamm des Apennin, an Norditalien also angrenzend, bis unweit Rom reicht, die die touristisch überlaufene Küste neben so menschenarmen Gebieten wie die Maremma umfaßt, auf einen Nenner bringen? Man kann es!

Ein einziges, prägnantes Wort gilt für die Toskana in allen ihren Erscheinungsformen — *nobile,* edel also. Denn ohne laute, störende Töne sind Landschaft und Architektur, sind die Menschen und das Essen. Wobei natürlich der allen Romanen eigene Hauch von Sinnlichkeit nicht fehlt, der wahren Lebensgenuß erst möglich macht. So sagte der in Prato geborene Curzio Malaparte: »Über allen Gegenden der Toskana wölbt sich der gleiche Himmel, liegen die gleichen Farben und Gerüche: Eine Luft von Kräutern, Zwiebeln, Petersilie und Knoblauch erfüllt, von Erbsen und Stockfisch, von Korn und Holzspänen, Öl und Wein.«

Und nun sind wir gleich mittendrin in dem, was Sie an diesem Buch wohl am meisten interessieren dürfte, in der toskanischen Küche. Was es über die einzelnen Gegenden zu sagen gibt, können Sie in den locker zwischen die Rezepte eingestreuten Kapiteln nachlesen. Grundsätzliches aber gilt für die ganze Region.

Am treffendsten scheint mir die folgende Beurteilung. Von wem sie stammt, ist nicht mehr genau festzustellen, doch alle Toskaner zitieren sie gerne und voll Stolz: Toskanische Küche, das ist die einfache Küche der Armen, doch so gut, daß sie der Tafel eines Königs würdig ist. Toskanische Küche ist im Grund nichts anderes als Bauernküche. Sie ist ehrlich und unverfälscht und stellt eigentlich die klassische Naturküche dar, wie sie heute von allen Kennern neu entdeckt und hochgeschätzt wird. Und doch sind die traditionellen, ganz auf den Erzeugnissen des Landes beruhenden Rezepte im Lauf von Jahrtausenden verfeinert, vervollkommnet worden. Wie guter Wein sind sie in langer Zeit gereift. Man kocht rein und leicht, fettarm und bekömmlich, natürlich und unverfälscht — *genuino* ist das Lieblings-Adjektiv des Toskaners für sein Essen.

Nichts darf mit Gewürzen und Kräutern, Käse oder Knoblauch überdeckt werden, jedes Aroma muß einzeln wirken: duft- und geistreich soll das Ergebnis sein.

Und nichts darf verkocht werden, was ebenso dem Geschmack wie Farbe und Form zugute kommt. Denn weil man Schönes wie die Luft zum Atmen braucht, betrachtet man auch das Essen als Augenschmaus. Jedes Gericht muß in den Farben harmonieren — und was nicht vollendet zusammenstimmt, wird lieber einzeln serviert. Das Brot ist hier kräftiger als anderswo auf dem Stiefel — und immer ungesalzen, von den Zeiten her, als Bauern Salz kaum bezahlen konnten. Der Toskaner liebt sein Brot und spießt es gerne auf eine Gabel, röstet es (möglichst über offenem Feuer), reibt es dann mit Knoblauch ein und beträufelt es mit allerbestem Olivenöl. Das mag am deutlichsten die hier ans Essen erhobenen Forderungen zeigen.

Das herrlich duftende, grünlich schimmernde Jungfernöl erster Pressung ist übrigens einer der Ansprüche, den man vor vielen anderen macht. Man kauft es (ebenso wie den Wein) im Jahreskontingent direkt in der *fattoria* — und zwar jahrzehntelang bei der gleichen.

Obst und Gemüse zieht man meist gleich beim Haus, auch wenn der Garten noch so klein ist, was noch gebraucht wird, kauft man am Marktstand. Alles wird natürlich noch am gleichen Tag verarbeitet.

Auf das Wie kommt es an in der Toskana! So finden Sie in diesem Buch gewiß öfter Rezepte von Gerichten, die in ganz Italien serviert werden. Toskaner behaupten in solchen Fällen: Die hat man uns abgeschaut. Oder auch: Erst bei uns wurden sie zur reinen Harmonie gebracht.

Denn, wie ich feststellen konnte und wie Sie sehen werden, die Zubereitungsarten hier in der Toskana sind immer um ein paar Grade reiner, feiner, harmonischer.

Lassen Sie sich durch dieses Buch davon überzeugen.

Gastlichkeit in
der Toskana

Die Trattoria ist oft schmal und ungemütlich. Kunststofftische stehen, von steifen Stühlen umrahmt, und aus der Türe zum Nachbarraum riecht es nach Schinken und eingelegten Oliven, nach Früchten, Kräutern, Käse und Knoblauch.

Der Wirt hat oft nicht einmal eine Speisekarte vorzuzeigen, er sagt Ihnen selbst, was Sie heute bestellen können.

Machen Sie nicht gleich kehrt, hier sind Sie richtig! Denn: In keiner anderen Gegend, die ich kenne, gleichen sich die häusliche Küche und die des Restaurants so wie in der Toskana.

Man kauft, was der Markt frisch zu bieten hat — und hat es am liebsten, wenn das buntassortierte Lebensmittellädchen gleich dazugehört, und man sich auch hier mit allem, was zum Kochen gebraucht wird, versorgen kann.

Die meisten der unzähligen kleinen und mittleren, aber auch elegante Restaurants sind Familienbetriebe. Man kocht so wie zu Hause und nach nur ganz sachte abgewandelten jahrhundertealten überlieferten Rezepten.

Die Speisekarte wird mit der Hand oder unbeholfen mit der Maschine geschrieben, die Kinder dürfen im Lokal spielen — und am Herd steht die Mamma, unterstützt von den Frauen der Familie oder Nachbarinnen. Der Koch hat hier die Köchin noch nicht vertrieben!

Eine weitere Besonderheit der Toskana: Ich habe die Erfahrung gemacht, daß hier auch viele Hotel-Restaurants vorzüglich sind und *cuccina casalinga* bieten, Küche nach Hausfrauenart also.

Von italienischen Familien werden Sie, auch wenn Sie sich noch so oft mit ihnen am Strand oder auf der Piazza unterhalten haben, selten zum Essen in die Wohnung eingeladen. Man bittet Gäste zum Speisen ins Restaurant. Hier wird mit soviel Anspruch und Sachkenntnis ausgewählt, daß Sie sich auch über diese Einladung freuen dürfen.

Ein Hinweis für Tierfreunde: In der Toskana ist der Hund auch im einfachsten Lokal nicht gerne gesehen. Das macht zwar Schwierigkeiten beim Reisen mit Vierbeinern, muß aber leider akzeptiert werden!

Die italienische Sitte, dem neuen Gast stets ein blütenweißes Papier-»Tischtuch« auf den Tisch zu breiten, sollten Sie schätzen lernen, denn sauberes Papier ist, so meine ich ebenso wie unsere südlichen Nachbarn, viel angenehmer als eine nicht mehr taufrische Stoffdecke.

Besonders in der Toskana gilt noch der alte Brauch, daß, wenn man nicht ausdrücklich eine Flasche bestellt, eine Literkaraffe mit Wein auf den Eßtisch gestellt wird. Abgerechnet wird nur, was Sie getrunken haben. Das ist praktisch, selbst wenn es dazu einlädt, mehr zu trinken, als man sich vorgenommen hat. Dafür ist aber der Wein hier noch ausgesprochen günstig.

Daß auch im Lokal das Brot immer so gut ist, wie wir es überall in der Toskana längst lieben gelernt haben, daß Sie auf Bitten hin ausgezeichnetes eiskaltes Leitungswasser im Krug zum Wein serviert bekommen, sind weitere Pluspunkte, die das Speisen zum Vergnügen machen.

So bleibt nichts, als guten Appetit zu wünschen — beim Kosten der Gerichte nach Rezepten aus unserem Buch und beim nächsten Restaurantbesuch in der Toskana.

Ein Kapitel Geschichte
gehört dazu

Geschichte läßt sich zwar präzise in Zahlen und sachlichen Worten festhalten — wir alle erinnern uns an endlos öde Schulstunden, in denen uns die Vergangenheit mit trockenen Fakten nahegebracht — und verleidet worden ist. Und doch ist die Welt von Gestern und Vorgestern unlösbar mit der Gegenwart verwoben, sie läßt sich weder isolieren noch ignorieren. Sie atmet noch — kaum anderswo so deutlich wie in der Toskana.

Ein kleines Beispiel, eine Episode von meinem letzten Florenz-Besuch:

Noch im späten September lag die Hitze beinahe greifbar über der Stadt, noch überschwemmten die Touristen alle Straßen und Plätze. Ich hatte mir zwischen den letzten Recherchen für dieses Buch eine halbe Stunde zum stillen Rendezvous mit dem Bronze-Putto im herrlichen Innenhof des Palazzo Vecchio genommen. Dort in der schattigen Kühle ist der Menschenstrom stets dünner als draußen. Doch dann steckte ich plötzlich in einer quirlenden, drängenden, heiteren Menge: Eine Hochzeitsgesellschaft verließ das Standesamt — mit all der überschäumenden Freude und Prachtentfaltung, mit der auch in der sonst eher gemessenen Toskana Feste gefeiert werden. Wie seit vielen Jahrhunderten dient der Palazzo, reichbestücktes

Museum, auch noch dem Zweck, für den er einst erbaut worden ist.

In der Toskana lebt man mit den Traditionen, übernimmt unverkrampft, was gut war und noch gut ist.

Traditionsbewußtsein begegnet auch im täglichen Leben. So haben nicht wenige der Gerichte eine Geschichte, die zwar immer wieder ein wenig anders erzählt wird, jedoch stets parat ist. Versuchen Sie deshalb nicht, Ihren Gesprächspartner zu überzeugen, daß man den kleinen Jesus doch sicher nicht mit Panforte genährt hat, wie die Legende in der Toskana es wissen will. Akzeptieren Sie, daß auch recht praktisch im Leben stehende junge Frauen darauf schwören, Küchenarbeit müsse eben soviel Zeit in Anspruch nehmen, wie man ihr hier zugesteht, und daß auf dem Elektroherd Gerichte nicht den erwünschten Geschmack bekommen können.

Mit Recht sind die Toskaner stolz auf ihre Wurzeln. Denn das sonnige Hügelland im Herzen Italiens leitet sogar seinen Namen vom ersten bekannten Hochkultur-Volk des westlichen Europa ab: Hier siedelten die Etrusker, prägten mit ihrem unfehlbaren Sinn für Form und Harmonie die Landschaft und den Grundcharakter der Leute.

Selbst mit einem nur oberflächlich kunsthistorisch geschulten Auge entdeckt man ihre Spuren in jeder Stadt, in vielen Gassen: Hier ein Stück noch deutlich sichtbare Tuffsteinmauer, einbezogen in einen alten Palazzo, dort ein Tor, durch das der Verkehr flutet. Zum »Einstieg« lohnt auf jeden Fall der Besuch eines der unzähligen kleinen oder bekannteren Museen mit einer etruskischen Abteilung. Man braucht dazu keine Vorkenntnisse. Die Materie nimmt von ganz allein gefangen und weckt das Interesse an Weiterbildung.

Die Etrusker verschwanden in vorchristlicher Zeit aus dem Blickpunkt der Geschichte. Nahtlos wuchs das Land zwi-

schen Apennin und Bolsena-See nun in den Geist des auf-
steigenden römischen Reichs hinein. Als Cäsar den sprich-
wörtlichen Schritt über den Rubicon tat, um das Imperium
über die ganze bekannte Welt auszudehnen, gehörte die
Toskana längst zum Stammgebiet Roms.

Vieles ist aus dieser Zeit geblieben. Doch war, wie ich meine, nichts kostbarer als der Hauch von Demokratie, der in
den Stadtstaaten der Toskana über das frühe Mittelalter
hinaus bewahrt wurde.

Hier wurden zum erstenmal in auch heute noch akzepta-
bler Form die Stimmen der Bürger gehört. Und hier, in Florenz, gewann ein Bürgerlicher mit seiner Familie Macht
und Herrschaft ohnegleichen. Nirgends anders konnten
die Mediceer ihren Höhenflug beginnen. Lassen wir so-
ziologische Wertungen über sie außer acht. Die Kunst, die
unter ihrem Schutz und unter ihrer Pflege in unübertreffli-
cher Schönheit gedieh, verleiht ihrem Namen auch heute
noch besonderen Klang.

Michelangelo und Leonardo, Giotto und Botticelli, Dona-
tello, Brunelleschi und Ghiberti — kaum einer der großen
Namen aus der bildenden Kunst dieser Zeit hat seine Wurzeln nicht in der Toskana.

Dante, Machiavelli, Petracca und Boccaccio, Aretino und
viele andere Wortgewandte machten ihre Muttersprache
zur Hochsprache Italiens.

Daß Amerigo Vespucci von hier auszog, die neue Welt zu
erkunden und der Toskaner Galilei als erster den Lauf der
Gestirne richtig deutete, wen wunder's?

Doch während in Florenz die Kunst zu höchster Vollendung gedieh, wandte man sich in den anderen ganz großen Gemeinwesen des Landes dem Jenseitigen zu — Siena, die warmbraune, wunderschöne Stadt in den Chianti-
Bergen, verwob wie keine andere Stadt zu irgendeiner
Zeit ihr Leben mit der Mystik des Glaubens. Ihre schönste

Blüte: Caterina, die höchstverehrte aller Heiligen und zugleich Dichterin, die Schutzpatronin ganz Italiens, eine Sieneser Färberstochter.

In der zugleich ältesten und höchsten Kultur wurzeln die kunstsinnigste aller Städte und die lieblichste aller Heiligen — welche Landschaft hätte mehr zu bieten?

Doch lassen wir nun, hoffentlich durch dieses Vorwort ein wenig mit Leben erfüllt, Zahlen sprechen:

800—600 v. Chr. Das Etruskerreich mit kultureller Hochblüte entsteht im Gebiet der jetzigen Toskana. Seine Wurzeln sind bis heute noch nicht erforscht. Unklar ist, ob sich die Urbewohner plötzlich so glanzvoll entwickeln konnten oder ob eine Oberschicht oder ein ganzes Volk zugewandert sind. Stilistische Anklänge an die Kunst der Kreter lassen Schlüsse auf Zuwanderung aus dem östlichen Mittelmeerraum zu. Wichtigste etruskische Städte: Pisa, Volterra, Clusium (Chiusi), Aretium (Arezzo), Faesula (Fiesole) und Pistoia.

600—280 v. Chr. zerfällt das Etruskerreich langsam.

Ab 280 v. Chr. ist das Gebiet römisch.

1. Jh. v. Chr.: Florenz entsteht als römische Kolonie.

56 v. Chr. schließen Cäsar, Pompejus und Crassus in Lucca sich zum ersten Triumvirat zusammen.

Zeitenwende

Um 400 überfluten Germanen und Byzantiner, später die Langobarden die Toskana.

570 erscheint erstmals in Urkunden Lucca als Hauptstadt der nun nach dem etruskischen Ursprung Tuscien genannten langobardischen Provinz.

744 erklärt Karl der Große Tuscia zur fränkischen Provinz, gliedert es dem großen Frankenreich ein.

1115 ist für die Toskana ein bedeutsames geschichtliches Datum. Die Markgräfin Mathilde vermacht das Gebiet dem Kirchenstaat. Damit ist der Kaiser nicht einverstanden. Es entspinnt sich ein jahrhundertelanger Kampf zwischen den Kaisertreuen, den Ghibellinen, und der Papstpartei, den Guelfen. Dieser Schwebezustand ohne genau festgelegten Herrschaftsanspruch ermöglicht die eigenständige Entwicklung der toskanischen Städte. So entstehen die zahlreichen mächtigen Stadtstaaten, wie Florenz, Siena, Lucca, Pisa, Arezzo, Pistoia und andere.

12. und 13. Jh. Diese Zeiten sind überschattet von ständigen Kriegen zwischen den toskanischen Stadtstaaten. Besonders erbittert ist die Rivalität zwischen den beiden mächtigsten, Siena und Florenz.

1260 scheint der Kampf entschieden zu sein: Siena besiegt in der Schlacht bei Montaperti die Florentiner entscheidend. (Vergessen Sie nicht, im Sieneser Gebiet im Gespräch mit Einheimischen darauf anzuspielen, sie sind heute noch stolz darauf.)

13. und 14. Jh. Florenz widmet sich ganz der Pflege der Kultur (Dante, geb. 1265, Boccaccio, geb. 1313, Giotto, geb. 1266, Brunelleschi, geb. 1377).

1377 steht wieder Siena im Blickpunkt. Es gelingt der Sieneser Färberstochter Caterina Benincasa, den Papst nach 70 Jahren Regentschaft in Frankreich (»Babylonisches Exil«) zur Rückkehr nach Rom zu bewegen. Caterina wird später heiliggesprochen und sogar zur Schutzpatronin von ganz Italien erhoben.

1434 Beginn der Medici-Herrschaft in Florenz, Hochblüte der Renaissance-Kunst (Michelangelo, geb. 1475, Leonardo da Vinci, geb. 1452, Botticelli, geb. 1444).

1533 sind die Medici so mächtig, daß eine der Töchter, Katharina, mit dem Kronprinzen und späteren König von Frankreich, Heinrich II., verheiratet werden kann. Ihre toskanischen Köche sind die bedeutendsten Inspiratoren der französischen *cuisine*. Auch eine Nichte, Maria, wird Königin von Frankreich.

16. Jh. Zwei Medici erlangen die Papstwürde.

1555 entscheidet Florenz den Kampf um die Vorherrschaft in der Toskana für sich. Siena wird Florenz einverleibt. Die Toskana wird erbliches Herzogtum und später Großherzogtum unter den Medici.

1737 stirbt der letzte Medici. Die Toskana fällt an Habsburg.

1765 Großherzog Leopold, später als Leopold II. römischer deutscher Kaiser, bringt der Toskana wirtschaftliche Hochblüte.

1799 besetzen die französischen Revolutionstruppen die Toskana. Kurze Zeit später ernennt Napoleon seine Schwester Elisa zur Fürstin von Lucca, 1807 sogar zur Großherzogin der Toskana.

1814 wird dem gestürzten Napoleon die Insel Elba als Exil und zugleich Mini-Herrschaftsbereich zugewiesen. Dieses historische Zwischenspiel, von dem auf Elba noch viele Spuren zeugen, dauert zehn Monate.
Die Habsburger kehren in die Toskana zurück, bauen Straßen, fördern die Kunst. In diese Zeit fällt auch der Ausbau des Hafens von Livorno.

1860/61 werden im Zuge der italienischen Einigungsbemühungen die Habsburger vertrieben. Toskana wird Teil des neuen Königreichs Italien.

1865—71 ist Florenz sogar italienische Hauptstadt. Der König residiert im Palazzo Pitti.

Vorspeisen

Haben Sie sich bei den ersten »Gehversuchen« im Italienischen darüber gewundert, daß das, was vor der pasta, der Nudelspeise also, gereicht wird, antipasto heißt? Beides hat nichts miteinander zu tun, denn pasto ist einfach die Mahlzeit schlechthin.

Daß im Süden das Essen nicht nur aus einem einzigen schweren und reichlichen Gang besteht, hat uns die erfreuliche Erfahrung im Urlaub gelehrt. Dabei gibt es mittags ein Nudelgericht, abends dann Suppe als Vorspeise. Das wird besonders in der sehr traditionsliebenden Toskana streng eingehalten.

Natürlich kann davor noch eine feine, kleine, möglichst kalte Speise angeboten werden. In guten Restaurants im Süden ist das mehrmals wöchentlich der Fall, zu Hause meist nur an Sonn- und Feiertagen. Ideal als Antipasto sind alle Arten von kalten, pikant-säuerlich marinierten Gemüsen. Sehen Sie sich unser Rezept für marinierte Auberginen auf Seite 110 an. Genauso lassen sich auch beinahe alle anderen Gemüsearten bereiten. Ob Sie eine davon oder mehrere gut gekühlt auf den Vorspeisenteller legen, und mit Scheiben von einheimischer, würziger Wurst und dünnstgeschnittenem feinstem Schinken anrichten, ist Ihnen überlassen.

Natürlich ist auch Melone zur Zeit ihrer Ernte eine feine Sache, die Wurst und Schinken vorzüglich ergänzt.
Eine ganz besondere Vorspeisen-Spezialität in der Toskana aber sind *Crostini.* Dafür werden winzige Weißbrotschnitten geröstet und dann sehr pikant bestrichen. Sie können dazu kräftig schmeckende Pastete verwenden, oder etwas Kaviar auf Sardellenbutter. Am gebräuchlichsten und ganz typisch aber sind

Milz-Schnittchen
Crostini di milza

200 g Kalbsmilz	1 EL Olivenöl
1 kleine Zwiebel	je 2 EL Weißwein und
2 Sardellenfilets	kräftige Würfelbrühe
1 EL Kapern	Salz
2 EL gehackter Lauch	frischgemahlener schwar-
2 EL gehackter Stauden-	zer Pfeffer
sellerie	

Die Milz schaben. Die Zwiebel schälen und fein hacken. Sardellenfilets und Kapern zerkleinern. Alles mit Lauch und Sellerie im erhitzten Öl anschmoren. Wein und Brühe hinzufügen und einige Minuten unter Rühren durchkochen. Mit Salz und Pfeffer abschmecken, noch warm auf die gerösteten Brotstücke streichen.

Ebenso läßt sich Leber (von Huhn oder Kalb) oder eine Mischung aus Leber und Milz verwenden.

Eine andere sehr feine Vorspeise sind winzige, dünne, gefüllte *Crêpes.* Ein sehr beliebtes Florentiner Rezept dafür stellt Ihnen das Ristorante 13 Gobbi (S. 93) vor. Die Crêpes können aber auch mit einer Hackfleischmasse oder mit der für die Crostini empfohlenen Milz- oder Leber-Paste gefüllt werden.

Zur Pasta hat der Toskaner nicht die Leidenschaft gefaßt wie der Süditaliener. Zwar hat man sie gerne zum *pranzo,* dem Mittagessen, als Magenfüller auf dem Teller, doch liebt man dazu nur wenige Saucenvariationen — alle mit sehr reinem, unverfälschtem Aroma.

Nudeln werden natürlich auch hier, wenn irgend möglich, selbstgemacht. Sie finden die *pasta, fatta in casa,* auch oft auf Speisekarten und dürfen sich dann auf einen runden Genuß freuen.

Nudelteig = Grundrezept

300 g Mehl werden mit 3 Eiern, 1 TL Olivenöl, etwas Salz und eben soviel Wasser verarbeitet, daß sich der Teig gerade noch kneten läßt. Ruhen lassen, auf Mehl partieweise ausrollen, zurechtschneiden. Am bequemsten ist es, einfach breite Nudeln zu schneiden. Diese Tagliatelle sind es auch, die man in der Toskana am liebsten reicht.

Hier die wichtigsten toskanischen Saucen zur *pasta*:

Tomatensauce
Salsa di pomodoro

Sie ist ebenso schlicht wie wohlschmeckend: Schmoren Sie in bestem Olivenöl Gemüse der Saison, wie Staudensellerie, Möhre, Zwiebel oder anderes leicht an. Vollreife

Tomaten (wir verwenden am besten geschälte Dosentomaten) durchpassieren, einmal aufkochen. Eventuell mit
etwas Weißwein oder Brühe verdünnen, mit Salz und Pfeffer abschmecken, mit Kräutern, ob Petersilie, Salbei oder
anderem verfeinern.

Fleischsauce
Salsa di carne

Hier werden besonders viel Suppengemüse und Zwiebelwürfel in Öl angebraten. Mit gehacktem Kalbfleisch vermischen, mit Brühe zu einer dicklichen Sauce aufkochen,
würzen und auch hier Kräuter dazugeben. Mehr wäre zuviel. Schon die im übrigen Italien für die Fleischsauce gebräuchliche Tomate ist hier nicht beliebt!

Muschelsauce
Salsa delle vongole

Hier werden statt des im vorigen Rezept vorgeschlagenen
Kalbfleischs eßfertige Muscheln verwendet. Man gießt mit
Weißwein auf. Viel durchpassierte Tomaten dazugeben,
die Sauce dicklich einkochen und pikant würzen.
Und das sollten Sie wissen: Während Teigwaren zu
Fleisch- oder Tomatensauce beim Essen mit geriebenem
Käse bestreut werden, ißt man die in Muschelsauce immer
ohne Käse.
Außerdem ist wissenswert: Man streut hier ebenso gerne
geriebenen Pecorino, Schafskäse also, über die Pasta, wie
Parmesan.
Noch ein drittes: Nudelgerichte werden in der Toskana nie
überbacken, also *al forno,* gereicht!

Natürlich sind auch hier die überall in Italien als *primo piatto* beliebten Risotti, sei es mit Muscheln oder Pilzen, gebräuchlich. Doch weil sie nicht typisch sind für diese Provinz, wird auf ihre Rezepte hier verzichtet.

Eine besondere Sache aber sind

Nudeln mit Bohnen
Pasta con le fagioli

200 g getrocknete weiße	*2 EL Olivenöl*
Bohnenkerne	*Salz*
1 Zwiebel	*Pfeffer*
1 Möhre	*250 g beliebige Nudeln*
1 Stange Staudensellerie	*reichlich geriebener Käse*

Die Bohnen über Nacht einweichen. Dann im Einweichwasser rund zwei Stunden kochen. Das Gemüse vorbereiten, in Öl anschmoren. Die Nudeln extra kochen. Nudeln und Bohnen abgießen, mit zum geschmorten Gemüse geben und alles mit geriebenem Käse vermischen, salzen und pfeffern.

Doch nun zu der (nicht nur nach meiner Meinung) köstlichsten toskanischen Vorspeise, zur *Panzanella.* Hier hat die haushälterisch-kluge Toskanerin aus der Not eine Tugend gemacht, denn diese kalte Vorspeise besteht aus altbackenem Brot, Brotresten also, und frischem Gemüse je nach Jahreszeit. Das Rezept, nach unserem heutigen Geschmack mit Thunfisch verfeinert, finden Sie bei den uns freundlicherweise vom Hotel Posta in Bagno Vignoni zur Verfügung gestellten, auf Seite 219.
Suppen liebt man mehr als Pasta. Und Rezepte dafür gibt es in reichen Mengen. Sie dürfen entweder klar und frisch

sein wie die Minestrone, die man in der Toskana gerne noch mit vorgekochten weißen Bohnen oder mit Weißkohlstreifen anreichert.

Sehr gerne aber ißt man gebundene Suppen auf der Basis von Béchamel-Sauce. Auch hier soll ein Rezept aus dem Hotel Posta als Grundrezept dienen. Wir stellen die köstliche Zwiebelsuppe *(Crema di Zipolla)* der Signorina Marcucci auf Seite 220 vor. Ebenso können Sie Blumenkohl und Bohnen, Spargel, Kartoffeln, Broccoli, Tomaten und vieles andere Gemüse, aber auch eine Mischung aus verschiedenen Gemüsesorten verwenden. Das Ergebnis ist immer unvergleichlich köstlich!

Fisch- und Muschelsuppen finden Sie in Fülle in unserem einschlägigen Kapitel, S. 194 und 198 ff.

Doch ehe wir zu ein paar ganz besonderen Vorspeisen kommen, noch zu einem primo piatto, der in der ganzen Toskana Nummer eins ist, zur

Weiße Bohnen-Suppe
Zuppa di fagioli

200 g weiße Bohnen	*2 EL gehacktes, frisches*
1 Möhre	*oder 1 TL getrocknetes*
1 Stange Stauden-	*Basilikum*
sellerie	*etwas frische oder*
2 Tomaten	*getrocknete Pfefferminze*
100 g Frühstücksspeck	*Salz*
Würfelbrühe	*Pfeffer*
½ Bund Petersilie	*3 kräftige Scheiben*
	Weißbrot

Die Bohnen über Nacht einweichen, dann im Einweichwasser kochen. Rund ein Drittel davon mit den Tomaten

durchpassieren. Die Möhre und Sellerie mit dem feingewürfelten Speck in der Pfanne anbraten, mit der Brühe angießen. Alle anderen Zutaten dazugeben und vorsichtig
durchrühren. Das Brot muß zwar weich sein, darf jedoch
nicht ganz zerfallen.

Die folgende köstliche Schichttorte wird mit jungen Kräutern, aber auch aus dem ersten Spinat des Jahres gebak-
ken. Fast immer serviert man sie in froher Runde. Das Rezept wird deshalb (und auch weil die pikante Torte nur
dann richtig gelingt) immer gleich für acht Personen bereitet.

Oster-Torte
Torta pasqualina

1000 g frisches junges	*400 g Ricotta*
Grünes, wie junger Löwen-	*100 g geriebener Parme-*
zahn und der erste Spinat,	*sankäse*
aber auch alle Arten von	*8 Eier*
gemischten frischen Kräu-	*Majoran*
tern (sie sollten rund ein	*1 Tasse bestes Olivenöl*
Drittel ausmachen!)	*Salz*
600 g Mehl	*frischgemahlener schwar-*
Salz	*zer Pfeffer*
4 EL Öl	

Alles Grüne gut waschen und auf einem Sieb abtropfen
lassen, fein hacken. Das Mehl auf der Arbeitsplatte verteilen. Mit 1 TL Salz, dem Öl und soviel Wasser wie nötig zu
einem glatten, festen Teig verkneten, dann in 14 Stücke
zerteilen, Brötchen formen, in Mehl wenden und zuge-

deckt ca. 1 Stunde stehen lassen. Kräuter und Gemüse in wenig leichtgesalzenem Wasser 10 Minuten kochen, dann fein hacken und in eine Schüssel geben. Mit der Hälfte des geriebenen Parmesans, Salz, Pfeffer und Majoran bestreuen. Drei Eier darüberschlagen. Den Ricotta in Würfelchen zerschneiden, ebenfalls dazugeben. Alles gut vermengen. Eine Springform mit Öl ausstreichen. Ein »Brötchen« ausrollen, in die Form legen, dabei die Ränder nach oben drücken. Der Rand muß etwas über die Form hängen. Diese Teigplatte mit Öl bepinseln. Sechs weitere Teigstücke dünn ausrollen, jeweils darauflegen und mit Öl bepinseln. Dann die Kräutermasse daraufstreichen. Fünf Vertiefungen in diese Masse drücken und jeweils ein Ei hineinschlagen. Die Eier mit Salz und Pfeffer sowie mit dem restlichen Parmesan bestreuen. Die übrigen sieben Teigstücke wie oben beschrieben ausrollen, darauflegen und jede Schicht mit Öl bepinseln.

Die Torte in dem auf 200° vorgeheizten Ofen 1 Stunde backen. Abgekühlt zu fruchtig-trockenem Weißwein servieren.

Ergibt eine originelle, typische Vorspeise. Ich reiche das Gericht auch gern mit Salat als eigenständige kleine Mahlzeit.

Sardellen-Torte
Torta con le acciughe

300 g Mehl
2 Eier
Salz
100 g Butter
1 kleines Röhrchen
Sardellen

250 g Zwiebeln
1 EL gehackte Petersilie
grobgeschroteter schwarzer Pfeffer
geriebene Muskatnuß

Auf der Arbeitsplatte das Mehl mit den Eiern, etwas Salz und der in Flöckchen zerteilten Butter gut verkneten. Zu einer Kugel formen und mit Folie bedeckt ½ Stunde stehenlassen. Indessen die Sardellen wässern, abtropfen lassen und kleinschneiden. Die Zwiebeln schälen und fein hacken. Den Teig halbieren und die eine Hälfte in eine mit Öl ausgefettete feuerfeste Form oder in eine Springform drücken. Mit den Zwiebeln, der Petersilie und den Sardellen bestreuen, mit Pfeffer und Muskat würzen. Den restlichen Teig zu einer Platte ausrollen und darüberdecken, dabei die Ränder gut andrücken. Den Ofen auf 200° (Gas Stufe 3) vorheizen und die pikante Torte darin 25 Minuten backen. Wenn die Oberseite schön goldgelb ist, sofort servieren.

Mein Tip: Ich schmore die gehackten Zwiebeln in wenig Öl unter Rühren an und lasse sie erkalten, während der Teig ruht. Dann nach Rezept weiterverwenden. Dann sind auch die Zwiebeln schön weich und verbinden ihr Aroma gut mit dem der anderen Zutaten.

Thunfisch mit Eiern
Uova tonnate

1 Dose Thunfisch in Öl
(ca. 150 g)
knapp 150 g (möglichst
hausgemachte) Mayonnaise
12 Salatblätter
Salz

etwas Weinessig
ca. 250 g Tomaten
3 hartgekochte Eier
Sardellenfilets
etwas glatte Petersilie

Den Thunfisch gut abtropfen lassen, eventuell noch über-schüssiges Öl mit Küchenkrepp abtupfen. Dann den Thun-fisch zerpflücken und mit der Mayonnaise vermischen. Die Salatblätter gut waschen, trockenschwenken und auf vier kleinen flachen Tellern verteilen. Salzen und mit ver-dünntem Essig beträufeln. Die Tomaten gut waschen und in Scheiben schneiden. Die Eier schälen und in Spalten zerteilen. Vier Sardellenfilets abtropfen lassen und halbie-ren. Ein Zweig Petersilie unter fließendem kalten Wasser waschen, trockenschwenken. Die Thunfisch-Mayonnaise in Häufchen in die Mitte der Salatblätter setzen. Mit Toma-tenscheiben umlegen, die Tomaten salzen. Die Eierspalten darauf anrichten. Auf die Thunfischmayonnaise einen zum Ring gedrehten Sardellenstreifen legen und in die Mitte ein winziges Petersilienzweiglein stecken. Dazu das auf jedem italienischen Tisch bereitstehende frische, in Scheiben ge-schnittene Weißbrot reichlich servieren.

Die Hänge des etruskischen Apennin: Wo noch ein wenig Romagna zu spüren ist

Lassen Sie uns unsere Reise durch die Toskana dort beginnen, wo sie uns Nordländer empfängt: an den Südhängen des Apennin. Selbst auf der vorzüglich ausgebauten *autostrada del sol,* dem kühnen Meisterwerk italienischer Ingenieur-Kunst, ist zu spüren, wie steil die Pässe, wie unwirtlich die Übergänge waren und eigentlich noch immer sind.

Hier beginnt Italien erst richtig, empfängt uns die ganz besondere Luft des Mittelmeerraums, sind die ersten mediterranen Gewächse, wie Zypressen und Pinien, heimisch, duften die Kräuter wie nirgendwo weiter nördlich.

Hier ist auch die eigentliche Wetterscheide.

In den Höhen fast ausschließlich mit Kümmerwald und Gestrüpp, manchmal auch mit dürren Weiden bedeckt, ist das Gebirge nur sehr dünn besiedelt. Erst an seinem Übergang zur Ebene siedelt der Mensch und ernährt sich auch hier noch nicht vom Boden selbst, sondern dank seiner Erfindungsgabe: so etwa in Prato mit der auch in schlechter Zeit florierenden Textilindustrie, in Pistoia durch Kunstschmiedearbeiten (früher Pistolenherstellung, daher der Name!), durch die Nutzung der heilsamen Thermalquellen das mondäne Montecatini.

Bergwanderer finden hier ein Paradies. Sie können von jedem beliebigen Halt auf den beiden Autobahnen aus die reizvollsten Rundgänge antreten — wo ein Weg ist, ist es wunderschön.

Einen besonderen Genuß für Freunde noch unberührter Natur bietet die Anfahrt durch das wildromantische, mit struppigem Gebüsch überzogene, tiefeingeschnittene Garfagnana-Tal, nicht weniger reizvoll ist der Übergang am Cisa-Paß.

Auch die Städte hier im Norden lohnen eine Rast: So *Prato* mit dem mittelalterlichen Stadtbild, einem spätromanischen Dom, von dessen unvergleichlicher, ins Freie ragenden Kanzel früher an hohen Feiertagen Reliquien gezeigt wurden, mit dem von Kaiser Friedrich II. erbauten, noch völlig intakten *castello* und vielen anderen reizvollen Details.

Mein Tip: Wer mit dem Auto unterwegs ist und Florenz besuchen möchte, sollte in Prato übernachten. Hier bieten sich gut bewachter Parkplatz, genug Raum in den vielen Hotels und die Möglichkeit, mit dem Bus im Halbstundentakt für ein paar Mark ins Herz von Florenz zu fahren, das erspart eine Menge Streß!

Wer gerne Pässe fährt, steuert von Bologna kommend den Poretta-Paß an und erreicht dann *Pistoia.* Auch hier ein beinahe unbeeinträchtigtes mittelalterliches Stadtbild mit gotischem Dom und Baptisterium und vielen anderen Schönheiten, die das Auge wie den Fotoapparat gleichermaßen entzücken. Versäumen Sie auch nicht den Bummel über den unvergleichlich pittoresken alten Markt!

Weiter Richtung Süden erreichen Sie nach vielen Kurven *Vinci,* den Geburtsort von Leonardo. Trotz der Berühmtheit durch den ganz großen Sohn ist es noch unberührt. Wenn Sie Zeit haben: Das Leonardo-Museum in der Burg besichtigen — und den großartigen Rundblick über die nördliche Toskana genießen!

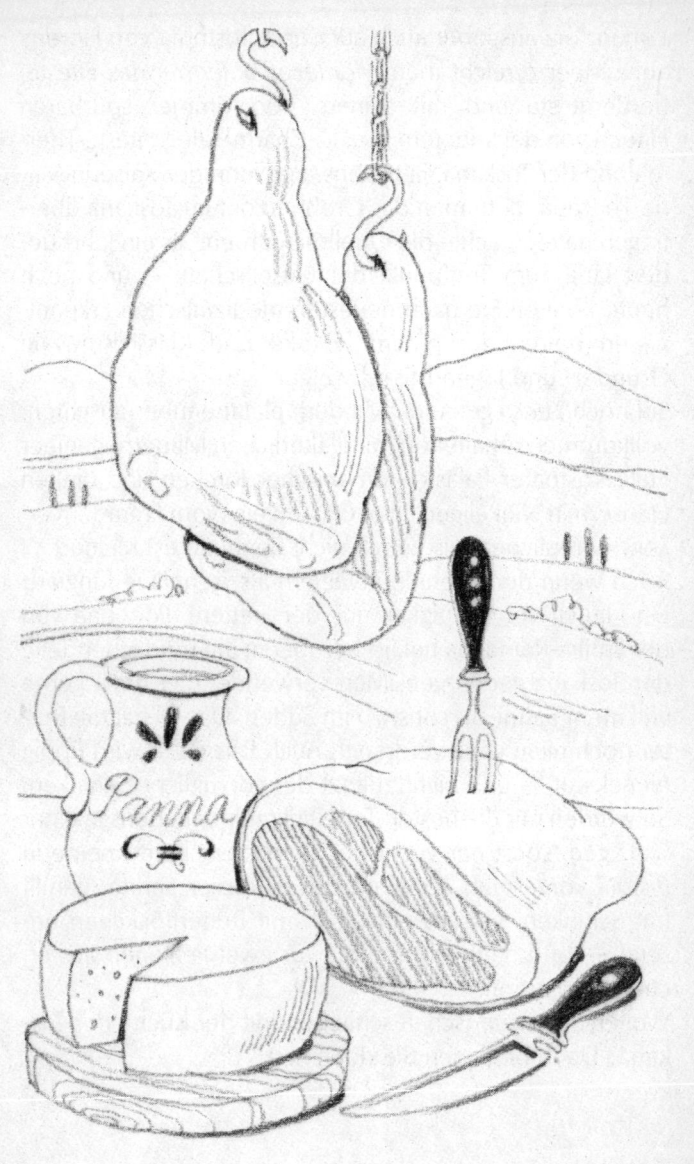

Von Pistoia aus, aber auch auf der Autostrada von Florenz zum Meer erreicht man *Montecatini Terme,* das älteste, berühmteste und mit seinem noch immer spürbaren Hauch von dekadentem k. u. k.-Charme eleganteste Thermalbad der Toskana, ja Italiens. Ein Sohn der Kaiserin Maria Theresia, dem man das Großherzogtum Toskana übertragen hatte, machte die Quellen für mehr als ein Jahrhundert lang zum Treffpunkt der Gesellschaft — und noch heute können Sie nach neuesten medizinischen Erkenntnissen betreut in spätem Rokoko und Klassizismus in Gründer- und Jugendstil schwelgen.

Sei noch *Lucca* genannt: Mit dem platanenüberrauschten, vollkommen erhaltenen mittelalterlichen Mauerring, einer Fülle kostbarer Paläste, romanischer Kirchen und uralten Häusern in winkeligen alten Gassen ein (vom Fremdenverkehr erfreulicherweise noch nicht überflutetes) Kleinod.

Auch wenn der Apennin in vielem als Trennlinie fungiert: Ein Hauch von Üppigkeit aus der »fetten« Poebene von der Emilia-Romagna her, ist herüber in die nördlichen Teile der Toskana gedrungen. Man verwendet hier noch gerne viel mehr Sahne als sonstwo im Süden. Das Öl hat die Butter noch nicht ganz verdrängt. Auch Parmesan wird üppig eingekauft — und nicht zuletzt der vorzügliche Schinken. So wurden mir die besten Tortellini meines Lebens in einer winzigen, sonst nur von *carabinieri* besuchten Kneipe in Pistoia vorgesetzt: schwimmend in dicker Sahne, gefüllt mit Schinken, verschwenderisch mit Butterflöckchen besetzt — und natürlich in einer für zwei Personen ausreichenden Portion.

Wollen Sie Freundschaft schließen mit der Küche der Toskana? Dann beginnen Sie doch hier!

Eines der ganz großen gastronomischen Häuser im eleganten Bad Montecatini Terme ist das »S. Francisco«. Sein Koch lädt Sie heute zum Nachkochen einer seiner Spezialitäten ein.

Pappardelle mit Hasenjung
Pappardelle alla toscana con la lepre
Für 6 Personen

Wie schon erwähnt, sind Papardelle Streifen von selbstgemachter Pasta in Wildhasen- oder Kaninchensauce. Wenn auch gemeinhin nur die Innereien zur Bereitung der Sauce verwendet werden, kocht man doch in diesem Rezept Hasenfleisch mit und reicht es später separat als Fleischgang.

Für die Sauce:
800 g Hasenfleisch
100 g roher Schinken
100 g Butter
2 Karotten
2 kleine Zwiebeln
etwas Sellerie
Thymian
3 Lorbeerblätter
3 Gewürznelken
½ l Rotwein
Fleischbrühe

Pfefferkörner
Fenchel
Olivenöl
Salz
Muskatnuß
Butter

Für den Teig:
500 g Mehl
5 Eier
Salz
½ EL Öl

Pappardelle: Das Mehl mit den Eiern, dem Öl und Salz vermengen und etwa 15 Minuten gut durcharbeiten. 20 Minuten gehen lassen, dann auf der Arbeitsfläche einige Millimeter dünn ausrollen und in Streifen von ca. 2 cm Breite und 15 cm Länge schneiden.

Sauce: Das Hasenfleisch in Stücke zerteilen und in einer Marinade aus Rotwein, einer gehackten Zwiebel, Fenchel, Thymian, Pfeffer, Nelken und Lorbeer etwa 2 Stunden ziehen lassen. Den Schinken in feine Streifen schneiden, die andere Zwiebel und die Karotten hacken und in Öl und Butter anbräunen. Die abgetropften Hasenstücke zugeben und mitbraten, dabei von Zeit zu Zeit Brühe und etwas Marinade zugießen. Das Fleisch herausnehmen und warm stellen. Die Sauce durch ein Sieb streichen und leise köcheln lassen. Nun die Pappardelle in reichlich kochendem Salzwasser *al dente* kochen, in die Sauce geben und mit Muskatnuß und geriebenem Parmesan bestreuen. Der Hase wird als zweiter Gang mit frischem Gemüse der Saison serviert.

  *dal 1782*
bucadisantantonio

Dieses Lokal hat einen Stern im Michelin (mit dem Vermerk »Eine sehr gute Küche — verdient Ihre besondere Beachtung. Das Lokal garantiert eine angenehme Unterbrechung Ihrer Reise«) erhalten. Sein Name und Adresse:

> Buca di S. Antonio
> Via della Cervia 3, 55100 Lucca.

Das Lokal ist sonntagabends, montags und vom 7.—29. Juli geschlossen. Bekannt für besonders marktbezogene Küche!

Rinderfilets »Elisa« mit Kräutern
Filetti »Elisa« alle erbe

Für 6 Personen: 6 Rinderfilets in Mehl wenden. Olivenöl in einer Pfanne erhitzen, die Filets einlegen, kurz anbraten und mit einem Gläschen Brandy ablöschen. Einen EL Senf dazugeben und bei großer Hitze den Brandy verdunsten lassen. In einer Schüssel einen Becher Sahne mit grünen Pfefferkörnern, Majoran, Koriander und Minze verrühren. Einige EL Fleischbrühe zugeben, salzen, pfeffern und mit in die Pfanne gießen. Etwa 15 Minuten köcheln lassen und mit Kartoffelpüree servieren.

In unserem kleinen Geschichtskapitel auf S. 20 können Sie nachlesen, daß Napoleon seine Schwester Elisa für kurze Jahre zur Großherzogin von Lucca gemacht hat. Sie gab diesem fürstlichen Rezept seinen Namen!

Milchlamm mit schwarzen Oliven

Agnello spezzato con olive amare

Für 4 Personen

1 kg Milchlamm-Fleisch	*½ Zwiebel*
200 g schwarze Oliven	*Rosmarin*
200 g kaltgepreßtes	*1 Glas Weißwein*
Olivenöl	*Salz*
2 gehackte Knoblauch-	*Pfeffer*
zehen	

In einer Kasserolle das Olivenöl erhitzen und darin die kleingehackte Zwiebel, den Knoblauch und den Rosmarin anbräunen, dann das in mundgerechte Stücke geschnittene Lammfleisch dazugeben. Bei milder Hitze im bedeckten Topf schmoren und ab und zu mit Wein begießen. In den letzten 15 Minuten Garzeit die Oliven zugeben und weich schmoren. Dieses Gericht sollte in einer Terrine serviert werden.

Fleischgerichte

Rindfleisch, Kalbfleisch

Die Unterscheidung fällt hier schwer, denn in der Toskana hält man weder von fadem Kalbfleisch etwas noch vom dunklen, faserigen Rind unbestimmten Alters. Dagegen bevorzugt man Fleisch vom Jungrind, das man jedoch meist als Kalbfleisch bezeichnet. Es ist noch zart und doch kräftig im Geschmack. Es wird für alle unsere Rezepte hier verwendet — mit Ausnahme natürlich *der* toskanischen Fleischspezialität, der *Bistecca alla fiorentina*. Sie muß rund 600 g wiegen und reicht gut und gerne für zwei, aber auch für drei Esser. Das richtige Stück dafür kommt vom milchweißen, auf den kräuterduftenden toskanischen Weiden genährten Chiana-Rind und ist rund 2 cm dick.

Ristorante "BUCA LAPI„ Firenze

Via del Trebbio 1ᴿ - telefono 213768

Hier nun das Originalrezept eines der besten Restaurants von Florenz mit charakteristischer toskanischer Küche des Ristorante »Buca Lapi«, Via del Trebbio 1ᴿ. Geschlossen sonntags und Montag mittag, ist es in einem Palast untergebracht, in dem seit dem 15. Jahrhundert der Wein von den Gütern dieser Adelsfamilie verkauft wird.

Bistecca alla fiorentina

800 g Rindfleisch 1. Wahl mit Knochen, ca. 2 cm hoch, salzen und pfeffern. Auf den Holzofengrill legen. Das Holz soll glühen, aber nicht mehr hell brennen, das Fleisch soll weit von der Glut entfernt sein, den Grillrost also so hoch als möglich stellen. Das Fleisch von beiden Seiten grillen, es muß innen noch rosa sein. Dann noch einmal salzen und pfeffern, auf einem vorgewärmten Teller servieren. Gerne beträufelt man die bistecca auch während des Garens oder nach dem Grillen mit feinstem Olivenöl oder würzt sie mit Knoblauch. Anderes Gewürz hingegen ist in der ganzen Toskana streng verpönt.

Kalbssteak auf Jägerinnen-Art
Bistecche alla cacciatora

4 Kalbssteaks
5 EL Olivenöl
Salz
frischgemahlener schwar-
zer Pfeffer

1 Zwiebel
1 Knoblauchzehe
350 g Dosentomaten
$\frac{1}{8}$ l toskanischer Rotwein

Die Kalbssteaks auf beiden Seiten mit Öl beträufeln, durchziehen lassen, dann salzen und pfeffern. Die Zwiebel und den Knoblauch schälen, beides hacken. Im restlichen Olivenöl in der Pfanne anschmoren. Die Kalbssteaks dazulegen und anbräunen. Die Tomaten durch ein Sieb rühren oder mit dem Handmixstab pürieren und dazugeben. Alles mit Salz und Pfeffer würzen und bei kleiner Hitze 10 Minuten köcheln lassen. Mit dem Wein aufgießen, weitere 10 Minuten bei milder Hitze garen. Mit Salz und Pfeffer nachschmecken, je ein Steak auf einen Teller geben und mit der Sauce bedecken. Diese soll dicklich eingekocht sein.

Variationen: Sie können die geschmolzenen Tomaten auch mit Rosmarin würzen.
Oder die Sauce mit Mehl binden.
Oder/und frische oder eingeweichte Trockenpilze mitschmoren.

Kalbfleischröllchen
Involtini di vitello

4 dünne Kalbsschnitzel
150 g kräftige Schweins-
wurst
500 g Dosentomaten
4 EL Olivenöl
1 kleine Zwiebel
1 Möhre
1 Stange Staudensellerie

1 Knoblauchzehe
Salz
Pfeffer
$1/8$ l toskanischer Weißwein
1 EL frisches oder
1 TL getrocknetes Basili-
kum oder Salbei

Die Schnitzel gut waschen, klopfen. Die Wurst enthäuten und in Scheiben schneiden, daraufgeben. Die Schnitzel-chen zusammenrollen und mit Rouladenspießen oder Zahnstochern zusammenstecken oder mit weißem Baum-wollgarn zusammenbinden. Das Öl in einem Schmortopf erhitzen, die Rollen darin rundum sanft anbraten, dann die inzwischen geschälte und gehackte Zwiebel, die vorberei-tete, zerkleinerte Möhre und Lauchstange und den ge-preßten Knoblauch dazugeben. Salzen und pfeffern, mit dem Wein aufgießen. Den Topf zudecken und 10 Minuten bei milder Hitze schmoren. Die Tomaten durch ein Sieb passieren oder mit dem Handmixstab pürieren, dazuge-ben. Die Kräuter unterheben. Alles zusammen im offenen Topf schmoren, bis die Röllchen weich sind, und die Sauce gut eingedickt ist. Eventuell zwischendurch etwas heißes Wasser oder Würfelbrühe angießen.

Florentiner Kalbs-Frikassee
Stracotto alla fiorentina

600 g Jungrindfleisch in Würfeln	¼ l roter Landwein
50 g Frühstücksspeck	¼ l Würfelbrühe
3 Knoblauchzehen	500 g Dosentomaten
1 Möhre	4 EL Olivenöl
1 Zwiebel	Salz
1 Stange Staudensellerie	schwarzer, grobgeschroteter Pfeffer

Das Fleisch gut waschen. Den Speck in Streifen schneiden. Knoblauch, Möhre, Zwiebel und Sellerie vorbereiten und zerkleinern. Den Wein mit der Brühe vermischen. Die Tomaten durch ein Sieb streichen oder mit dem Handmixstab pürieren. Das Öl in einer Pfanne erhitzen, alles Gemüse darin kurz anbraten, dann das Fleisch dazugeben und von allen Seiten anbräunen. Mit der Hälfte der Brühe-Wein-Mischung begießen, salzen, pfeffern. In der auf 180° (Gas Stufe 2—3) vorgeheizten Röhre in einer geschlossenen, feuerfesten Form alles rund 4 Stunden schmoren, dazwischen immer wieder Wein-Brühe-Mischung nachgießen. Die Sauce nachschmecken. Ist sie noch nicht dicklich, muß sie auf dem Herd noch einkochen.

Geröstetes Kalbfleisch
Arrosto di vitello

600 g Kalbfleisch	Salz
40 g Butter	geriebene Muskatnuß
1 Knoblauchzehe	$\frac{1}{2}$ l Milch
4 EL bester Weinessig	4 Kartoffeln

Das Fleisch gut waschen, trockentupfen, dann mit weißem Baumwollfaden in Form binden, damit es beim Garen zusammenhält. Die Butter zusammen mit der Knoblauchzehe erhitzen, das Fleisch dazugeben und von allen Seiten anbräunen. Mit dem Essig aufgießen, nachsalzen und mit reichlich Muskat bestreuen, dann die Milch zugießen. Die Kartoffeln schälen und dazulegen. In einem bedeckten Topf bei kleiner Hitze weichschmoren. Das Fleisch auf einer vorgewärmten Platte 10 Minuten ruhen lassen, dann aufschneiden. Die inzwischen leicht cremig eingekochte Sauce und die Kartoffeln dazu reichen.

Kalbfleisch mit Tomaten
Vitello al pomodoro

4 Kalbskoteletts	frischgemahlener weißer
1 kleine Zwiebel	Pfeffer
2 EL Olivenöl	400 g Dosen-Tomaten
2 EL Mehl	$\frac{1}{8}$ l Rotwein
Salz	

Die Kalbskoteletts gut waschen, trockentupfen. Die Zwiebel schälen und fein hacken. Das Olivenöl in einer Pfanne erhitzen, die Zwiebel darin anschmoren, dann das Fleisch dazugeben, anbraten und dabei mit Mehl bestreuen, dann salzen und pfeffern. Mit dem Wein aufgießen und 10 Minuten bei kleiner Hitze köcheln. Indessen die Tomaten durchpassieren, einrühren. Die Koteletts warm stellen und die Sauce bei starker Hitze dick einkochen, dann nachwürzen.

Kalbsgeschnetzeltes
Spezzatino di vitello

Sie können dieses Gericht aber auch aus dem billigeren Putenschnitzelfleisch bereiten.

400 g Kalbsschulter	*3 EL Olivenöl*
Salz	*$\frac{1}{4}$ l Weißwein (Hauswein,*
frischgemahlener weißer	*noch besser Vernaccia di*
Pfeffer	*San Gimignano*
Origano und Rosmarin,	*300 g Tomaten*
möglichst frisch (sonst	
getrocknet)	

Das Fleisch gut waschen, trockentupfen, dann in Scheibchen schneiden. Salz, Pfeffer und den sehr kleingeschnittenen (bei getrocknetem zwischen den Fingern zerriebenen) Origano miteinander vermischen. Jedes Fleischstück rundum gut damit einreiben. Das Öl in einem Topf mit gutschließendem Deckel erhitzen und das Fleisch darin anbraten. Mit Rosmarin, Salz und Pfeffer bestreuen, mit dem Wein aufgießen und im bedeckten Topf ca. 50 Minuten schmoren lassen. Inzwischen die Tomaten mit kochendem Wasser überbrühen, enthäuten, vierteln und dazugeben. Mit 1 Tasse heißem Wasser aufgießen und das Gericht noch 10 Minuten schmoren, öfter umrühren. Es muß eine dickliche, pikante Sauce entstanden sein. Eventuell nachschmecken.

Zwar nicht typisch für die Region, sondern in ganz Italien heimisch, dennoch ein Leibgericht aller Toskaner und besonders in den heißen Monaten ideal ist

Kalbfleisch in Thunfischsauce
Vitello tonnato

Dafür wird Kalbfleisch in einem pikanten Sud mit Gemüse, Lorbeer und Salz bei sehr schwacher Hitze gekocht oder im eigenen Saft geschmort. Erkaltet mit folgender Sauce reichen — sie ist hier die Hauptsache, denn sie paßt auch zu Huhn (s. das Rezept *Pollo tonnato,* S. 65) oder zu aufgeschnittenen kalten Fleischresten:

2 Eier	*1 Röhrchen Kapern*
2 Sardellenfilets	*1 Büchse (ca. 175 g) Thun-*
4 EL bestes Olivenöl	*fisch in Öl*
1 Zitrone	

Aus einem Ei und einem Eidotter, dem Öl und Zitronensaft mit dem Handrührgerät eine Mayonnaise schlagen. Die Sardellenfilets fein hacken, ebenso die Hälfte der Kapern, beides unterheben. Die Mayonnaise eventuell noch mit Salz abschmecken, meist sind jedoch schon die Sardellen scharf genug. Zuletzt den abgetropften, mit zwei Gabeln zerpflückten Thunfisch dazugeben und mit dem Handmixstab zu einer glatten Sauce pürieren. Diese Sauce über die Fleischscheiben gießen, mit den restlichen Kapern bestreuen.

Pikante Schnitzelchen
Scaloppine alle pizzaiola

4 kleine Kalbsschnitzel
(Sie können auch Puten-
schnitzel verwenden)
Salz
Pfeffer
2 EL Olivenöl

400 g Tomaten
200 g Mozarella
50 g Butter
2 Knoblauchzehen
1 EL Kapern
Oregano (möglichst frisch)

Die Kalbsschnitzel halbieren oder drittteln und sehr dünn klopfen. Von beiden Seiten mit Salz und Pfeffer einreiben, mit Olivenöl beträufeln. Die Tomaten mit kochendem Wasser überbrühen und enthäuten. Den Mozzarella, falls verpackt gekauft, gut abtropfen lassen und in Scheiben schneiden. Den Knoblauch schälen und der Länge nach vierteln. Die Kapern abtropfen lassen. Frischen Oregano waschen und trockenschwenken, die Blättchen abzupfen. Das restliche Öl und die Butter in zwei Pfannen erhitzen, die Hälfte des Knoblauchs dazugeben. Die Kalbsschnitzel bei nicht zu großer Hitze darin erst von einer Seite braten, dann wenden. Mit Tomatenscheiben und Mozzarella, dem restlichen Knoblauch, Kapern und Oregano belegen. Wenn die untere Seite leicht gebräunt ist, die Schnitzel-chen zusammenrücken. Die übrigen Tomaten und den restlichen Käse mit in die Pfanne geben, vorsichtig durch-rühren. Noch 5 Minuten bei bedeckter Pfanne durch-schmoren. Die knappe, aber sehr würzige Sauce mit Salz, Pfeffer und Oregano würzen, eventuell noch Kapern un-terrühren.

Sehr gerne bereitet man Kalbsschnitzelfleisch pikant zu. Es wird dünn geschnitten, dann geviertelt. Klopfen Sie nun noch jedes Stück so dünn als möglich, ehe Sie es weiterverwenden.

Mein Tip: Unter Folie gelegt, werden die Fasern beim Klopfen nicht verletzt. Das Fleisch wird dünn und mürbe und bleibt doch saftig.

Kalbsschnitzelchen in Vin Santo
Scaloppine al vin santo

4 kleine Kalbs-(oder	*Mehl zum Wenden*
Puten-)Schnitzel	*3 EL Butter*
Salz	*2 EL bestes Olivenöl*
frischgemahlener weißer	*$\frac{1}{8}$ l vin santo*
Pfeffer	

Die Kalbsschnitzelchen wie oben angegeben vorbereiten. Salz und Pfeffer mit dem Mehl vermischen, das Fleisch darin wenden, überschüssiges Mehl abklopfen. Die Butter mit dem Öl in zwei Pfannen erhitzen, die Schnitzelchen darin von beiden Seiten anbraten, dann den Wein dazugießen. Bei milder Hitze noch rund 5 Minuten schmoren, bis der Wein zu einer sehr kurzen, dicklichen Sauce eingekocht ist.

Mein Tip: Sehr gut schmeckt ein Hauch Muskatnuß darübergerieben. Auch etwas sehr feingehackte Petersilie tut dem Gericht gut.

Variation: Statt vin santo kann auch Marsala verwendet werden.

Für die sehr frischen, fruchtigen *Kalbsschnitzelchen mit Zitrone (Scaloppine al limone)* wird der Wein durch frischgepreßten Zitronensaft ersetzt. Eventuell mit feiner Instant-Würze abschmecken.

Dem großen toskanischen Komponisten gewidmet hat ein Koch folgende Köstlichkeit:

Kalbsschnitzelchen »Puccini«
Scaloppine alla Puccini

4 kleine Kalbsschnitzel	$\frac{1}{8}$ l Sahne
200 g Rinderhackfleisch	$\frac{1}{8}$ l Weißwein
1 Eigelb	Salz
1 EL geriebener Parme-	frischgemahlener weißer
sankäse	Pfeffer
100 g frische (oder	geriebene Muskatnuß
40 g vorgeweichte ge-	50 g Butter
trocknete) Steinpilze	$\frac{1}{8}$ l kräftige Würfelbrühe
30 g Trüffeln	

In die Schnitzelchen eine tiefe Tasche einschneiden. Aus Hackfleisch, dem Eigelb, dem Käse, den vorbereiteten Pilzen (auf die sündhaft teuren Trüffel dürfen Sie natürlich verzichten, das Gericht schmeckt auch ohne sie vorzüglich), je 1 EL Sahne und Wein, Salz, Pfeffer und Muskat eine pikante Farce kneten und in die Taschen füllen. Mit einer Rouladennadel zustecken oder mit weißem Baumwollfaden zunähen. In einer großen Pfanne die Butter erhitzen, die Schnitzel hineinlegen und von beiden Seiten anbraten. Dann mit der restlichen Sahne, dem übrigen Wein und der Brühe aufgießen, mit Salz und Pfeffer bestreuen und in ca. 10 Minuten das Fleisch weich schmoren und die Sauce einkochen lassen.

Eine ganz feine Sache sind auch

Vögelchen im Nest
Uccelletti scappati

500 g Kalbsschnitzelfleisch
ca. 100 g in dünne Schei-
ben geschnittener roher
Schinken
einige frische Salbeiblätter
500 g Dosentomaten
2 Knoblauchzehen

1 Möhre
1 Stange Staudensellerie
½ Tasse Olivenöl
¼ l weißer Landwein
Salz
Pfeffer

Das Kalbfleisch gut waschen, in ca. 2—3 cm breite Streifen schneiden. Jeden Streifen in eine Schinkenscheibe, dann in ein Salbeiblatt einwickeln. Mit einem Zahnstocher zusammenstecken oder mit weißem Baumwollgarn umwickeln. Die Tomaten passieren, den Knoblauch pressen und zu den Tomaten rühren. Die Möhre und den Sellerie vorbereiten, kleinschneiden. Das Öl in einer großen Pfanne erhitzen. Das Gemüse und zwei Salbeiblätter darin andünsten. Dann die Röllchen dazugeben und von allen Seiten leicht anbräunen. Tomatenmark und Wein zugeben und unterrühren und bei kleinster Flamme garen, bis die Sauce dicklich eingekocht ist. Dann das Gericht mit Salz und Pfeffer abschmecken.

Geschnetzeltes Sieneser Art
Stracotto con cipolle

500 g Jungrind-Braten-fleisch	1 EL gehackte Petersilie
5 Knoblauchzehen	500 g Zwiebeln
50 g durchwachsener Räucherspeck	1 Döschen Tomatenmark
8 EL Olivenöl	1 Tasse kräftiger roter Landwein
1 Möhre	1 Tasse Würfelbrühe
1 Stange Bleichsellerie	Salz
	Pfeffer

Das Fleisch waschen, trockentupfen und in grobe Würfel schneiden. 4 Knoblauchzehen schälen und stifteln. Den Speck in Streifen schneiden. Das Fleisch mit Knoblauch und Speck spicken und in 2 EL Öl zusammen mit der vorbereiteten, gehackten Möhre, dem Sellerie, der Petersilie und dem gepreßten restlichen Knoblauch rundum gut anbräunen. Dann das Tomatenmark dazurühren, mit 1 Tasse Wasser aufgießen. Inzwischen die Zwiebeln schälen und im restlichen Öl je nach Größe im Ganzen oder geviertelt anschmoren. Mit dem Wein und der Brühe aufgießen, mit Salz und Pfeffer würzen und weich schmoren. Dann das Fleisch und die Zwiebeln vermischen und zusammen bei kleinster Hitze rund zwei bis drei Stunden köcheln lassen, zwischendurch eventuell etwas Flüssigkeit (Wasser, Brühe oder Wein) angießen. Nachwürzen.

Mein Tip: Ich gare das Fleisch mit Brühe weich und bereite die Zwiebeln erst rund 20 Minuten vor dem geplanten Essen. Fertiges Fleisch und Zwiebeln erst kurz vor dem Servieren vermischen. Die Zwiebeln haben dann noch »Biß«.

Sehr gerne reicht man in einem größeren Kreis auch verschiedene Fleischsorten gemischt, und zwar als

Gemischtes fritiertes Fleisch (fritto misto), also in gewürztem Mehl, dann in verquirltem Ei, dann noch einmal in Mehl gewälzt und fritiert. Kalbsschnitzelchen, Lammkotelettchen, kleine Geflügelstücke, aber auch Leber und Niere gehören dazu.

Gegrilltes gemischtes Fleisch (griglio misto) besteht ebenfalls aus den oben angegebenen Grundzutaten. Alles wird gesalzen und gepfeffert, mit Kräutern bestreut, mit Öl beträufelt und gegrillt.

Schweinefleisch

Zwar hält man in der Toskana auch Schweine, doch sind die hochbeinigen, dunklen, schlanken Borstentiere selten. Sie passen nicht in die Küche des sonnenüberfluteten Landes. Man reicht Schweinefleisch beinahe nur als *bistecca maiale,* Schweinesteak also. Dafür wird ein Riesenkotelett nur gegrillt und bleibt innen meist rosa — und das ist, meine ich, nicht gerade ein Glanzstück unserer toskanischen Küche.

Eine Köstlichkeit aber, die Sie unbedingt bald nachkochen sollten, ist

Gekräuterter Schweinerücken in Weinsud
Arista (auch »*arrosto di maiale*« genannt)

»Das Beste«, so nannte Lorenzo von Medici, der gebildete und griechisch-bewanderte Renaissance-Herrscher von Florenz sein Lieblingsgericht. In fünf Jahrhunderten ist es mit Recht zum Leibgericht aller Toskaner geworden.

Hier das Rezept:
Sie verwenden dafür am besten Schweinerollbraten.

800 g Schweinerollbraten
je 2 EL frischen (oder
1½ TL getrockneten) Salbei
und Rosmarin
Salz
frischgemahlener weißer
Pfeffer

3 Knoblauchzehen
1 Prise geriebene
Muskatnuß
2 EL Olivenöl
2 Zwiebeln
½ l kräftiger Rotwein

Das Fleisch gut waschen und trockentupfen. Aus den feingehackten Kräutern, Salz, Pfeffer, einer gepreßten Knoblauchzehe, Muskat und Öl eine pikante Paste mischen und
das Fleisch rundum damit gut einreiben. Eine Stunde Aroma ziehen lassen. Dann das übrige Öl in einem nicht zu
großen Bräter erhitzen, das Fleisch darin von allen Seiten
anbräunen. Die geschälten, gehackten Zwiebeln und restlichen Knoblauchzehen dazugeben, mit anschmoren.
Den Wein erhitzen und dazugießen. Den Braten rund
2 Stunden bei 200° in der vorgeheizten Röhre schmoren,
dabei sollte der Topf geschlossen sein. Dann den Topf öffnen, noch bei 225° weitergaren, dabei das Fleisch öfter mit
der würzigen Sauce begießen. Das Fleisch aus dem Sud
nehmen, 10 Minuten im Warmen ruhen lassen. Inzwischen die Sauce dicklich einkochen, nachsalzen.
Schmeckt heiß oder kalt vorzüglich.
Sie können das Fleisch auch mit Knoblauchstreifen und
Rosmarin, ja sogar noch mit Nelken spicken, auch das
macht man in der Toskana gerne!

Mehr als nur irgendein Essen, eine »Institution« bei allen kleineren und größeren, häuslichen und öffentlichen Festen nämlich, ist

Spanferkel
La Porchetta

Sie können es, sich knusprig-braun und duftend am Spieß drehend, immer dort, wo viele Menschen sind oder erwartet werden, an fahrbaren Ständen, angeboten sehen. Davon werden dann einzelne Portionen abgeschnitten, gewogen und zu Brot aus der Hand gegessen.
Das Ferkel wird gebraten, wenn es höchstens 30 Kilo wiegt.
Man würzt es mit viel Knoblauch und Zwiebel, mit Rosmarin und Lorbeer, Nelkenpulver, Salz, Pfeffer, aber auch mit Koriander und Muskat.
Während des Bratens wird es immer wieder mit Rotwein begossen. Außen muß das fertige Ferkel nußbraun sein, innen zwar hellrot, aber doch völlig durchgebraten.
Spanferkel kann vor dem Braten auch gefüllt werden. Es wird dann auf dem Grill gegart.
Das junge Schwein innen und außen gut salzen. Die Innereien mit Kalbsleber und Schinkenspeck durch den Fleischwolf drehen, mit gehackter Zwiebel und Knoblauch, Basilikum, Salz und Pfeffer würzen, mit Eigelb und eingeweichtem Weißbrot die Farce binden. In den Bauch füllen, zunähen und das Fleisch genauso braten wie ohne Füllung. Allerdings verlängert sich durch das Füllen die Garzeit, das Ferkel muß deshalb während der ersten Hälfte der Bratzeit mit Alufolie abgedeckt werden. Es wird im Ganzen, mit einer Zitronenspalte im Mäulchen und mit Gemüse umlegt, serviert.

Für die weltbekannte *Trippa fiorentina (Kutteln auf Florentiner Art)*, die beweist, wie sich auch einfachste Zutaten verwenden lassen, finden Sie auf Seite 91 das Originalrezept der Trattoria »Armando« in Florenz.

Kutteln (Kaldaunen) gibt es jetzt in guten Metzgereien zunehmend zu kaufen, und zwar werden sie immer vorbereitet und vorgekocht angeboten. Sie müssen dann nur rund 30 Minuten in der würzigen Tomatensauce ziehen.

Hier noch ein paar Variationen zu diesem typischen Rezept. Die fertigen Kutteln können auch nach dem Bestreuen mit geriebenem Parmesankäse und Besetzen mit Butterflöckchen noch kurz in der heißen Röhre überbakken werden.

Man füllt sie besonders in ländlichen Gegenden über angeröstete, eventuell mit Olivenöl und Knoblauch gewürzte Brotscheiben, die zuerst in jeden Teller gelegt werden.

Wenn Sie Streifen von durchwachsenem Räucherspeck mitschmoren, macht dies das Gericht herzhafter.

Auch ein Hauch von Muskat als Würze, eher jedoch noch mitgarte zerkleinerte Staudenselleriestangen veredeln das Gericht nach meiner Meinung noch mehr.

Wenn Sie die Trippa-Sauce leicht gebunden mögen, werden zwei vom Metzger zerkleinerte Kalbsfüße mitgekocht. Das gibt Aroma und Konsistenz zugleich.

Doch auch andere Innereien bereitet die haushälterische Toskanerin mit Liebe und Sorgfalt immer wieder gern zu. Ob Hirn oder Leber, Nieren (am liebsten von allem etwas): Sie werden in Olivenöl geschmort, mit Knoblauch und vielen Kräutern und stets einem Schuß Wein gewürzt. Tomaten gehören auch fast immer dazu.

Wollen Sie dies nicht auch einmal probieren? Mein Tip: Lamm-Innereien sind die besten, das weiß man in der Toskana. Fragen Sie doch bei Ihrem Metzger danach!

Eine der ganz besonderen toskanischen Spezialitäten sind

Teigwaren mit Hasenjung
Pappardelle alla lepre

Dieses Gericht ist ein Musterbeispiel dafür, wie sich mit ein wenig Überlegung auch aus Abfällen kulinarische Köstlichkeiten bereiten lassen. Es wird in vielen Variationen in allen Städten der Region zubereitet, doch, wie man sagt, am allerbesten in Arrezzo. Man lobt sich dort selbst und behauptet, die *pappardelle alla lepre* seien hier so vorzüglich, daß man »den Mund so lange offen hat, bis er wieder gefüllt ist«. Ein Spezialrezept dazu finden Sie beim Ristorante S. Francisco in Montecatini auf S. 35.

Hasenjung, also Innereien, aber auch Bauchlappen, dünne Stücke vom Hals und Vorderläufe von 1 Wildhasen oder Kaninchen $^1\!/_4$ l Hasenblut 400 g Mehl 3 große Eier etwas Salz

$^1\!/_2$ Glas Milch 6 EL bestes Olivenöl 2 Zwiebeln 2 Staudenselleriestangen 2 Möhren 100 g fetter Räucherspeck grobgemahlener schwarzer Pfeffer 150 g kräftigschmeckende Wurst Salz

Das Hasenjung gut waschen, kleinschneiden. Das Mehl auf die Arbeitsplatte sieben, in die Mitte eine Mulde drücken, in diese die Eier, Salz und die Milch geben. Von außen nach innen vorsichtig einen glatten, festen Teig kneten. Den Teig ausrollen oder durch die Nudelmaschine geben. In Quadrate von rund 6 cm Größe zerschneiden, dann mit einem Glas oder einer Tasse Kreise ausstechen. Diese

Teigstücke trocknen lassen. Indessen das Öl erhitzen und darin die geschälten, gehackten Zwiebeln, die abgezogenen, in Scheiben geschnittenen Selleriestangen und die geschrappten, zerkleinerten Möhren anschmoren. Den Speck in Streifchen schneiden, kurz mitbraten. Dann die zerkleinerten Innereien und Blut dazugeben. Kochen lassen. Inzwischen die Teigkreise in reichlich Salzwasser kochen. Aus der Hasensauce, wenn mitverwendet, Vorderläufe, Knochen und andere nicht-eßbare Teile herausnehmen. Die Pappardelle abtropfen lassen und in diese Sauce geben, noch einmal erhitzen, dann alles abschmecken.

Lamm

Sein delikates Fleisch liebt man hier, wo Schafherden, von riesigen weißen Maremmen-Hunden bewacht, auf den sanften Hügeln weiden, ganz besonders.
Lamm wird gerne gegrillt oder auch am Spieß gebraten. Dadurch kommt das zarte Eigenaroma am besten zur Geltung. Wenn Sie es schmoren oder braten: niemals bei zu großer Hitze, denn dadurch wird das zarte Fleisch fest und trocken. Mittlere Hitze auf dem Herd, höchstens 200° (Gas Stufe 3) in der Röhre sind richtig.
Das Lamm darf nicht zu fett, aber auch nicht zu jung und damit mager sein. Eher jedoch letzteres, dann kann man es mit Streifen von fettem Räucherspeck oder von Schinken spicken.
So wird Lamm vorbereitet: Zuerst waschen, dann gut mit Salz, Pfeffer und Rosmarin einreiben. Auch Salbei und gepreßter Knoblauch eignen sich bestens dazu. Anschließend wird das Fleisch in ein Tuch gewickelt oder in eine nicht zu große Schüssel gelegt und mit Folie abgedeckt

und für mindestens 24 Stunden in den Kühlschrank gestellt. Dabei soll es gut durchziehen. Wer mag, kann es zwischendurch noch ein- oder zweimal mit Rotwein übergießen.

Nun, und das ist das Besondere, wäscht man das Fleisch noch einmal unter fließendem Wasser und tupft es trokken. Man pinselt es mit bestem Olivenöl ein, ehe es weiterverwendet wird.

Wenn Sie das Lamm auf dem Rost oder am Spieß grillen: Öfter mit gewürztem Öl und Wein beträufeln, ansonsten genügt der eigene Saft.

Ziegenfleisch wird auf dieselbe Weise bereitet.

Zu beidem gehört frischer Salat.

Eine Besonderheit der Toskana: Man schmort bei Lamm- oder Ziegengerichten oft geschälte Kartoffeln im Fleischsaft mit und ißt sie zum Fleisch!

Ganz zart ist natürlich das Frühlingslamm. Junges Lamm wird deshalb zu Ostern immer auf den Tisch kommen. Es wird gespickt, gewürzt und wie oben mariniert. Legen Sie es dann mit einer gehackten Zwiebel in eine große Pfanne, gießen Sie wenig Fleisch-(oder gute Würfel-)Brühe, reichlich Öl und trockenen Weißwein an und braten Sie das Lamm im Ofen. Je nach Alter dauert dies eine bis zwei Stunden. Die Temperatur sollte nicht über 200° liegen. Auch hier werden sehr oft geschälte Kartoffeln mitgegart.

Frischer Salat und mittelalter Chianti Classico sind in der Toskana unverzichtbare Beigaben.

Lammrücken oder -hals, mariniert
Buglione d'agnello

Dieses Gericht ist typisch für die Gegend rund um den Monte Amiata, für die südlichste Toskana also.

800 g Lammfleisch	100 g fetter Räucherspeck
½ l Rotwein	300 g reife frische oder
½ Tasse Weinessig	1 kleine Dose Tomaten
1 Tasse beliebige Kräuter,	3 Möhren
wie Rosmarin, Thymian	100 g Spinat
und Petersilie	¼ l Würfelbrühe
1 Tasse bestes Olivenöl	Salz
4 Zwiebeln	frischgemahlener schwar-
4 Knoblauchzehen	zer Pfeffer
½ Peperoncino	4 Weißbrotscheiben

Das Lamm gut waschen, in eine nicht zu große Schüssel legen. Den Wein mit dem Essig und den Kräutern vermischen, darübergießen. Das Fleisch in dieser Marinade, mit Folie bedeckt, mindestens 3 Stunden bis zwei Tage Aroma ziehen lassen. Dann das Öl in einem Schmortopf erhitzen. Zwei Zwiebeln und zwei Knoblauchzehen schälen und hacken, darin anschmoren. Den Speck in Streifen oder Würfel teilen, dazugeben. Das Fleisch hineinlegen und auf beiden Seiten anbraten. Mit einer Tasse Marinade aufgießen, das Pfefferschötchen dazugeben und alles köcheln lassen. Indessen die frischen Tomaten vom Stielansatz befreien, kreuzweise einschneiden, mit kochendem Wasser überbrühen, enthäuten und passieren. Auch die Dosentomaten durch ein Sieb streichen oder mit dem Handmixstab zerkleinern. Zum Fleisch geben. Während es gart, die restlichen geschälten und gehackten Zwiebeln, die vorbereiteten, in Scheiben geschnittenen Möhren und den gut gewaschenen, in Streifen zerteilten Spinat dazulegen. Das Fleisch während des Schmorens öfter mit Brühe begießen und das Gericht mit Salz und Pfeffer abschmecken. Die Gardauer richtet sich nach der Größe des Stücks und dem Alter des Tieres — auf dem Herd mittlere Hitze, in der Röhre 200° (Gas Stufe 3). Ist das Fleisch weich, werden die Weißbrotscheiben getoastet und mit Salz, Pfeffer und dem restlichen gepreßten Knoblauch gewürzt. Eine Form mit dem Brot auslegen, mit der Lammsauce begießen, dann das Fleisch darauflegen. Das Brot saugt sich nun mit der Sauce voll, es bindet diese ideal. Warm stellen und nach einigen Minuten heiß servieren. Dazu paßt ein leichter Rotwein, wie der aus den Colli Senesi, den südlichen Hügeln.

Auch in der Toskana hat jedes Haus seine ganz spezielle Abart für dieses

Lamm in Sauce
Agnello in salsa

Es schmeckt ausgesprochen delikat, wenn man das Lamm in bestem Olivenöl mit Knoblauch anbrät, es bei milder Hitze in der Röhre schmort und immer wieder weißen Landwein und durchpassierte Tomaten dazugibt. Sie können hier mit Gewürzen experimentieren, wie es Ihnen gefällt.

Preiswert, weil auch aus weniger wertvollen Stücken zu bereiten, ist:

Lamm-Frikassee
Fricassea di agnello

30 g Trockenpilze
600 g Lammfleisch in
Würfeln
50 g Butter
Salz
je 1 EL frisches oder
1 TL getrockneter Rosma-
rin und Thymian

geriebene Muskatnuß
1 EL Mehl
1 Tasse kräftige Würfel-
brühe
$\frac{1}{2}$ Zitrone
3 Eier

Die Pilze in Wasser einweichen, dann kleinschneiden. Das Fleisch unter fließendem Wasser gut waschen, trockentupfen. Die Butter in einem flachen Topf erhitzen. Die Fleischwürfel salzen und in der Butter unter ständigem Bewegen von allen Seiten anbräunen. Dann die Pilze mit dem Einweichwasser dazugeben, ebenso die Kräuter. Mit geriebener Muskatnuß bestreuen, nachsalzen und das Mehl darüberstäuben. Mit der erhitzten Brühe aufgießen und bei kleinster Flamme im bedeckten Topf weich schmoren, wenn nötig, noch etwas Brühe (oder Weißwein) dazugießen. Dann den Deckel abnehmen, die Eier mit Salz, Pfeffer und dem ausgepreßten Tomatensaft verquirlen und darübergießen. Die Eier stocken lassen, dann das Gericht sofort servieren.

Geflügel

Wie in allen Gegenden ohne nennenswerte Großvieh-Haltung wird auch in der Toskana Geflügel sehr geschätzt.

Beim Einkauf von Ente, Huhn und anderem Geflügeltem ist man anspruchsvoll. Man kauft direkt vom Hof oder auf den Märkten bei Anbietern, die man schon lange kennt und deren Produkte man schätzt, bei denen man sicher sein kann, daß das Federvieh frei gelebt hat und mit Körnern gefüttert wurde. Blaß-wässrige Tiefkühl-Hähnchen aus Legebatterien haben keine Chance. Halten wir es doch ebenso! Am nächsten kommt dem kräftigen Geschmack der im Mediterranen angebotenen Freilandhühner Maismastgeflügel aus Frankreich, am besten aus der Bresse. In deutschen Supermärkten wird es heute an Wochenenden sehr oft frisch angeboten, verwenden Sie es für unsere Toskana-Rezepte. Auch Gans und Ente sollten frisch und möglichst aus Freilandhaltung in den Kochtopf oder Bräter kommen. Relativ leicht ist das bei der Ente: Wählen Sie die Flugente, die zwar weniger, aber magereres, kräftig-aromatisches Fleisch bietet. Auch Tauben sind in der Toskana, wo man — und das ganz besonders beim Fleisch! — Qualität vor Quantität setzt, sehr beliebt.

Geflügel wird fast immer vor dem Garen in Portionsstücke zerlegt. Hals und Innereien ergeben, extra gekocht, eine gute Brühe, die man zur Suppe verwendet.

Hier nun zuerst zum Huhn

Gegrilltes Huhn
Pollo alla griglia

Wenn die Grundstoffe »stimmen« und mit reichlichen frischen Kräutern gewürzt werden kann, ist Grillen die ideale Garart für Hühnerteile. Gut waschen, rundum mit Salz, frischgemahlenem weißen Pfeffer und reichlich frischen, gehackten, beliebigen Kräutern, am besten Rosmarin, Salbei und Petersilie einreiben. Mit bestem Olivenöl beträufelt grillen. Zu frischem Weißbrot und Gemüse auf Toskana-Art ein Genuß.

Fritiertes Huhn
Pollo fritto

Ebenso einfach und köstlich, doch etwas zeitraubender ist dieses Rezept in die Küchenpraxis umzusetzen: Aus Zitronensaft, Öl, frischer, kleingeschnittener Petersilie, Salz und Pfeffer wird eine würzige Marinade bereitet. Die (gut gewaschenen und trockengetupften) Hühnerteile von allen Seiten damit einreiben, in einer Schüssel aufeinanderlegen und mit Folie abdecken. Im Kühlschrank zwei bis vier Stunden Aroma ziehen lassen. Dann rundum in Mehl, dann in verquirltem Ei, dann noch einmal in Mehl wenden und in heißem Öl (Olivenöl dritter Pressung oder Sonnenblumen-Öl) goldgelb fritieren. Mit viel Gemüse und Weißbrot auf den Tisch bringen.

Gekochtes Huhn
Pollo lesso

Auch dafür wird das Huhn immer in Achtel zerteilt. Wichtig ist der kräftig gewürzte Sud: Das Huhn mit reichlich Suppengemüse, einem Staudensellerie-Stengel, Knoblauch, Nelke, Lorbeerblatt, Pfefferkörnern, Petersilie und Thymian in Salzwasser kochen.
Zitronensaft oder Weißwein geben dem Sud zusätzlich Aroma.
Unbedingt zu diesem Gericht gehören Salsa verde und hausgemachte Mayonnaise.

Mayonnaise
Maionese

3 Eigelb	*Salz*
¼ l Olivenöl	*Pfeffer*
1 Zitrone	

Die Eigelbe cremig schlagen, tropfenweise das Öl dazurühren. Dann langsam den Saft der Zitrone einrühren, bis eine dickliche Masse entstanden ist. Mit Salz und Pfeffer abschmecken.
Diese Mayonnaise hält sich im Kühlschrank rund eine Woche lang frisch.

Grüne Sauce
Salsa verde

2 Tassen feingehackte,	1 Tasse Olivenöl
möglichst verschiedene	1 EL feingemahlene
gemischte Kräuter	beliebige Nüsse
1 Gewürzgurke	Salz
1 Knoblauchzehe	frischgemahlener weißer
1 EL Kapern	Pfeffer

Die Kräuter in eine große Schüssel geben. Die Gurke grob hacken. Den Knoblauch pressen. Die Kapern kleinschneiden. Alles unter die Kräuter mischen. Zuletzt das Öl und die Nüsse unterheben. Die Sauce mit Salz und Pfeffer würzen und sofort servieren.
Sie schmeckt zu gemischtem gekochten Fleisch, zu Kalbfleisch und Huhn vorzüglich.

Wenn Sie Reste von gekochtem Huhn haben: Servieren Sie diese doch wie folgt:

Huhn in Thunfischsauce
Pollo tonnato

Lösen Sie dazu das Fleisch von gekochtem Huhn von den Knochen. Die Haut abheben. Das in Scheiben geschnittene Fleisch kalt mit der bei »Vitello tonnato« (Rezept S. 46) beschriebenen Thunfischsauce reichen.

Eine Delikatesse ist

Sieneser Hühnerbrust
Petti di pollo alla senesi

4 Hühnerbrust-Hälften	$^1/_8$—$^1/_4$ l toskanischer
2 EL Mehl	Weißwein
Salz	100 g Steinpilze (oder
$^1/_2$ Tasse bestes Olivenöl	ca. 40 g Trockenpilze)
2 Knoblauchzehen	1 große Tomate
	1 EL gehackte Petersilie

Das Fleisch gut waschen, trockentupfen und, wenn nötig, die Knochen auslösen. Das Mehl gut salzen und das Fleisch darin wenden. Das Öl erhitzen und das Fleisch von beiden Seiten darin anbraten. Dann mit dem Wein aufgießen und in bedeckter Pfanne bei kleiner Hitze schmoren. Inzwischen die Pilze vorbereiten und in Scheiben schneiden. Die Tomate enthäuten und achteln. Pilze, Tomaten und die geschälten, feingeschnittenen Knoblauchzehen sowie die Petersilie zum Fleisch geben, alles bei kleinster Hitze im offenen Topf noch 10 Minuten schmoren. Zuletzt die fertige, dicklich eingekochte Sauce mit Salz abschmekken.

Mein Tip: Verwenden Sie dazu, wenn möglich, vollreife Tomaten aus Freiluftanbau, am besten Fleischtomaten. Oder sonst Dosen-Tomaten.

Ganz besonders gerne ißt man in der Toskana

Teufels-Huhn
Pollo alla diavolo

1 Huhn, ca. 1200 g   *1 Zwiebel*
1 Tasse bestes Olivenöl   *Salz*
1 Zitrone   *grobgeschroteter schwar-*
1 Peperoncino   *zer Pfeffer*

Das Huhn innen und außen gut waschen, trockentupfen, dann halbieren. Mit dem Schnitzelklopfer auf der Innenseite leicht flachklopfen. In einem großen Teller das Öl mit dem ausgepreßten Zitronensaft, dem (am besten mit der Schere) kleingeschnittenen Pfefferschötchen, der geschälten und feingeriebenen Zwiebel, Salz und Pfeffer zu einer sehr pikanten Marinade verrühren. Die Geflügelhälften noch einmal durchschneiden und die Viertel im Würzöl von jeder Seite rund 30 Minuten Aroma ziehen lassen. Dann rund 40 Minuten grillen. Zu frischem Salat serviert ein unübertrefflich köstliches Sommeressen.

Variationen: Wenn ein Gericht so verbreitet ist, wie unser Teufelshuhn, gibt es natürlich eine Fülle individueller Zubereitungsarten in jeder Gegend, ja in jeder Familie. Man kann in das Würzöl einen tüchtigen Schuß Weinbrand einrühren oder den Zitronensaft durch $1/2$ Tasse Weißwein ersetzen. Auch mit gepreßtem Knoblauch kann kräftig gewürzt werden, oder man vermischt die Ölmarinade mit konzentriertem Tomatenmark.

Weil Gemüse bei kaum einem Gericht fehlen darf, kocht man oft

Huhn mit Pilzen
Pollo con i funghi

1 Huhn, ca. 1000 g	*3 große Tomaten oder*
Salz	*1 kleine Dose geschälte*
frischgemahlener weißer	*Tomaten*
Pfeffer	*1 TL Rosmarin*
1 Zwiebel	*4 EL gehackte Petersilie*
2 EL Butter	*einige Steinpilze oder*
3 EL bestes Olivenöl	*andere Waldpilze oder*
¼ l kräftige Hühnerbrühe	*vorgeweichte Trockenpilze*

Das Huhn gut waschen, trockentupfen und achteln. Rundum mit Salz und Pfeffer einreiben. Die Zwiebel schälen und hacken. In einem großen Topf die Butter mit dem Öl erhitzen. Die Hühnerteile und die Zwiebel dazugeben, kurz anschmoren. Dann mit der erhitzten Brühe (sie wird schon vorher aus Hals, Innereien und Unterschenkeln des Geflügels gekocht, kann aber auch aus einem Instant-Produkt bereitet werden) aufgießen, einige Minuten kochen. Inzwischen die frischen Tomaten vom Stielansatz befreien, kreuzweise einschneiden, mit kochendem Wasser überbrühen und enthäuten, die Dosentomaten mit der Flüssigkeit verwenden: Beides durch ein Sieb streichen oder mit dem Handmixstab pürieren, zum Huhn geben. Mit Salz und Pfeffer sowie Rosmarin und Petersilie bestreuen, im bedeckten Topf bei kleiner Hitze schmoren, bis das Fleisch weich ist (rund 45 Minuten). Inzwischen die Pilze putzen, gut waschen, trockentupfen und in Stücke schneiden. Das fertige Fleisch aus der Sauce nehmen, auf eine vorgewärmte Platte legen und warm stellen. Die Pilze in die

Sauce rühren, diese eventuell noch mit etwas Hühnerbrühe oder Wasser verlängern. Nach 10 Minuten die Sauce abschmecken, das Hühnerfleisch wieder hineinlegen und alles noch einmal aufkochen.

Variation: Statt Pilzen kann man auch Erbsen verwenden. Pilzgeschmack gehört allerdings unbedingt dazu: Kochen Sie in diesem Fall wenigstens einige getrocknete, kleingeschnittene Pilze mit.

Wenn Sie die Tomaten durch ¼ l Sahne ersetzen und mit Muskat würzen, ergibt das *Huhn in Weiß (Pollo in bianco).*

Huhn aus der Pfanne
Pollo in padella

1 Huhn
Salz
frischgemahlener weißer Pfeffer
3 EL Öl
200 g magerer Schinkenspeck
2 Zwiebeln
2 Knoblauchzehen

½ Flasche trockener Weißwein (Vernaccia di San Gimignano oder toskanischer Landwein)
250 g frische Champignons
250 g Tomaten
je 1 EL frische oder
1 TL getrockneter Rosmarin und Basilikum

Das Huhn vierteln, gut waschen und trockentupfen. Alle Teile gut mit Salz und Pfeffer einreiben. Das Öl in einer großen, tiefen Pfanne erhitzen und die Hühnerteile darin von allen Seiten anbraten. Inzwischen den Schinken in Streifen schneiden. Die Zwiebeln und den Knoblauch schälen und hacken. Alles zusammen in die Pfanne geben und unter Rühren andünsten. Mit dem Wein aufgießen, die Pfanne mit einem Deckel schließen, bei kleiner Hitze das Huhn in dem würzigen Sud 35 Minuten schmoren. Die Pilze vorbereiten und in Scheiben schneiden, die Tomaten mit kochendem Wasser überbrühen, enthäuten und grob würfeln. Zum Fleisch geben, mit Rosmarin und Thymian bestreuen. Salzen und zusammen weitere 20 Minuten garen. Falls die Sauce noch nicht zu der in Italien und besonders in der Toskana üblichen kleinen Menge eingekocht ist, bei offenem Topf noch reduzieren. Dann pikant nachschmecken.

Besonders apart schmeckt:

Fenchel-Huhn
Pollo ai semi di finocchio

1 Huhn, ca. 1000 g
2 Knoblauchzehen
1 Tasse Olivenöl
1 Peperoncino
100 g durchwachsener
Schinkenspeck

1 TL Fenchelsamen (am besten in der Apotheke oder Drogerie als Tee zu kaufen)
1 EL frischer oder
1 TL getrockneter Salbei
$\frac{1}{2}$ Bund Petersilie

Das vorbereitete Huhn gut waschen und trockentupfen. In eine Schüssel legen. Die Knoblauchzehen pressen, unter das Öl rühren und das Huhn damit begießen, eine Stunde Aroma ziehen lassen. Inzwischen den Schinken kleinschneiden. Mit Fenchel, Salbei und der gewaschenen, trockengeschwenkten und gehackten Petersilie vermischen. Das Huhn innen und außen noch einmal gut waschen und salzen, mit der Schinkenmasse füllen und rund eine Stunde grillen, dabei öfter mit dem Marinade-Öl bepinseln.

Mein Tip: Besonders knusprig und köstlich wird das Fenchelhuhn, wenn es am Spieß gebraten wird.

Gut, besonders bei Hitze, schmeckt

Huhn in Zitrone
Pollo al limone

1 Huhn, ca. 1200 g   *3 Zitronen*
Salz   *3 EL Olivenöl*
frischgemahlener weißer   *3 Knoblauchzehen*
Pfeffer   *$^{1}/_{4}$ l kräftige Würfelbrühe*
1 großer Bund Petersilie

Das Huhn gut waschen, trockentupfen und achteln. Mit Salz und Pfeffer einreiben. Die Petersilie unter fließendem Wasser abbrausen, trockenschwenken und hacken. Eine Tomate in Scheiben schneiden (ist sie garantiert naturrein, geschieht das mit der Schale, die zusätzlich feines Aroma gibt. Sonst muß sie vorher unbedingt geschält werden!). In einer Pfanne das Öl mit dem geschälten, gepreßten Knoblauch anschmoren, einen EL Petersilie dazugeben. Dann die Hühnerteile darin anbräunen. Die Pfanne mit einem Deckel schließen und jeweils nach rund 10 Minuten etwas Brühe angießen, das Huhn rund 40 Minuten köcheln lassen. Zuletzt den Saft der beiden übrigen Zitronen dazugeben, die Sauce mit Salz und Pfeffer abschmecken.

Gefülltes Huhn nach Art von San Quirico

Pollo farcito come in San Quirico

1 Huhn, ca. 1200 g
300 g weiße Rübchen
Salz
100 g Ricotta (oder
Schichtkäse)
50 g geriebener Parme-
sankäse
2 EL Semmelbrösel

je ½ TL getrockneter
Majoran, Basilikum und
Thymian
3 EL gehackte Petersilie
1 Zwiebel
1 Stange Staudensellerie
1 Möhre
1 Ei

Das Huhn gut waschen und trockentupfen. Die Rübchen
schälen und kleinschneiden, in sehr wenig Salzwasser einige Minuten köcheln lassen. In einer Schüssel mit dem
kleingewürfelten Ricotta, dem Parmesan, den Semmelbröseln und den Kräutern vermischen. Die Zwiebel schälen, fein hacken. Den Sellerie entfasern, in feine Scheiben
schneiden. Die Möhre schrappen und zerkleinern. Alles
zu der Käsemasse geben. Mit dem Ei vermischen, salzen.
Das Huhn damit füllen. In der Röhre in rund 70 Minuten
weich schmoren, zerteilen und mit der Farce zusammen
zu Salat servieren.

Hühner-Frikassee
Pollo in fricassea

1 Huhn, ca. 100 g	1 Bund Petersilie
70 g Butter	Salz
1 EL Mehl	Pfeffer
$\frac{1}{4}$ l Hühnerwürfelbrühe	geriebene Muskatnuß
1 Zwiebel	3 Eidotter
1 Stange Staudensellerie	1 Zitrone

Das Huhn gut waschen, trockentupfen und in Stücke zerteilen. In einem Schmortopf die Butter zusammen mit dem Mehl anschwitzen. Mit der Brühe aufgießen. Die Zwiebel schälen und hacken, dazugeben. Den Sellerie und die Petersilie vorbereiten, ebenfalls einrühren. Mit Salz, Pfeffer und Muskat würzen. Die Hühnerteile darin in rund 60 Minuten weich schmoren. Die Geflügelteile herausheben, in eine vorgewärmte Schüssel legen. Die Sauce durch ein Sieb streichen, mit den Eidottern verrühren. Mit Zitronensaft (und, wenn die Zitrone garantiert naturrein ist, auch noch mit etwas abgeriebener Zitronenschale), Salz, Muskat und Pfeffer würzen, einige Minuten unter Rühren bei kleinster Hitze köcheln lassen, dann über die Geflügelstücke gießen.

Geschmortes Huhn in Wein
Pollo toscana

1 Huhn	Salz
4 Knoblauchzehen	Mehl zum Wenden
1 Zwiebel	2 Peperoncini
4 EL Olivenöl	$^3/_8$ l toskanischer Land-
2 EL feingehackter frischer	Weißwein
Salbei	1 Tasse Oliven mit Stein

Das Huhn in Portionsstücke zerteilen, gut waschen und trockentupfen. Den Knoblauch und die Zwiebel schälen, hacken. Das Öl in einem großen Schmortopf erhitzen, die Zwiebeln, Knoblauch und den Salbei dazugeben und kurz anschmoren. Die Hühnerteile zuerst mit Salz einreiben, dann in Mehl wenden. Dazugeben und von allen Seiten leicht anbräunen. Die Pfefferschötchen dazugeben, mit dem Wein aufgießen. Den Topf bedecken und die Hühnerstücke bei kleiner Hitze 50 Minuten garen. Das Fleisch müßte dann weich sein, sonst die Garzeit verlängern. Die Geflügelteile herausnehmen, auf eine vorgewärmte Platte legen und warm stellen. Die Oliven zur Sauce geben und unter Rühren einige Minuten durchkochen, mit Salz und Pfeffer kräftig nachschmecken, eventuell noch unter Rühren einkochen lassen. Die sehr »kurze« pikante Sauce mit den Oliven über die Hühnerteile geben.

Hier nun zum Schluß mein ganz persönliches Lieblingsrezept für Huhn auf Toskana-Art, bei vielen Gästen schon ausprobiert und hochgelobt:

Huhn auf Gemüse
Pollo con le verdure

1 Tasse bestes Olivenöl
4—6 Knoblauchzehen
1 großes Huhn (ca. 1200 g)
Salz
frischgemahlener weißer
Pfeffer
1 große Dose geschälte
Tomaten
1 kleine Zucchina
1 Paprikaschote

½ l toskanischer Landwein
1 Bund Petersilie
1 Stange Staudensellerie
je 1 EL frischer oder
½—1 TL getrockneter Rosmarin, Salbei, Estragon und Thymian
3 Zwiebeln
2 EL Butter
1 Tütchen Safran

Das Öl in einer großen Pfanne erhitzen und den geschälten Knoblauch darin anschmoren. Inzwischen das gut gewaschene Huhn in Achtel zerteilen, rundum gut mit Salz und Pfeffer einreiben. Die Knoblauchzehen aus dem Öl fischen und in die Bratpfanne legen. Die Hühnerteile (eventuell nacheinander) im heißen, knoblauchduftenden Öl von allen Seiten anbraten. Geben Sie währenddessen die Tomaten mit dem Saft, die gut gewaschene, in Scheiben geschnittene Zucchina, die vorbereitete, grob zerteilte Paprikaschote, 1 Tasse Wein, die gewaschene und zerkleinerte Petersilie und den vorbereiteten, gehackten Sellerie in die Pfanne. Die Röhre auf 220° vorheizen. Die angebratenen Hühnerteile auf das Gemüsebett legen, zuletzt im Öl die geschälten und in Ringe zerteilten Zwiebeln anschmoren. Die Zwiebeln mit dem Öl über die Hühnerstücke gießen, alles mit den Kräutern bestreuen und rund eine Stunde in die Röhre stellen. Die fertigen Hühnerteile auf eine feuerfeste Platte legen und in die nun abgeschaltete Röhre schieben. Indessen das Gemüse in einen Topf füllen und mit dem restlichen Wein aufkochen, wenn nötig, noch einkochen lassen, damit eine dickliche Sauce entsteht. Sie wird mit Salz, Pfeffer und Safran nachgeschmeckt und mit der in Flöckchen zerteilten Butter nachträglich verfeinert. Weißbrot genügt als Beilage — und natürlich gehört Wein dazu.

Ente

Eine Kapriole der meist als leicht bezeichneten italienischen Sprache ist dies: Die Ente kann ebensogut *anatra* wie *anitra* heißen. In der Toskana nennt man sie eindeutig *anatra* mit stark betontem Anfangs-A.
Ente wird immer in Portionsstücke geteilt.
Die am meisten bevorzugte Zubereitungsart der Region ist folgende: Das Fleisch wird mit Salz, frischgemahlenem schwarzen oder weißen Pfeffer und gepreßtem Knoblauch eingerieben. Wenn Sie noch Oregano oder Salbei darüberstreuen und die Ententeile dann grillen, ist das köstlich!
Weißbrot, toskanisches Gemüse und guter Rotwein (und wo wäre er hier nicht gut?) vervollkommnen den Genuß.
Ente gehört auch zum *griglio misto,* der Fleisch-Grillplatte, die man bei Festen und einer größeren Schar von Essern schätzt. Die Rezepte für Ente können auch für *Gans* verwendet werden. In diesem Fall werden die Stücke kleiner gemacht, die Garzeit entsprechend verlängert.
Hier nun das gebräuchlichste Rezept für das deftige Federvieh:

Ente nach Hausfrauen-Art
Anatra alla casalinga

1 Ente
Salz
frischgemahlener schwarzer Pfeffer
1 Zwiebel
etwas Staudensellerie
1 Lauchstange
2 Möhren
Petersilie
2 Knoblauchzehen

2 EL Olivenöl
2 Peperoncini
1 Lorbeerblatt
1 EL frischer oder
1 TL getrockneter Thymian
$\frac{1}{2}$ l toskanischer Land-Rotwein
500 g Tomaten
2 Scheiben Weißbrot

Die Ente in Portionsstücke zerteilen, gut waschen und trockentupfen. Alle Teile kräftig mit Salz und Pfeffer einreiben. Die Zwiebel, Suppengemüse und Knoblauch vorbereiten und zerkleinern. In einem großen Schmortopf das Öl erhitzen, die Geflügelstücke von allen Seiten anbräunen. Dann Zwiebel, Suppengemüse und Knoblauch dazugeben und kurz mitschmoren. Die Pfefferschötchen, das Lorbeerblatt und den Thymian dazugeben. Mit $\frac{1}{4}$ l Wein aufgießen und den Topf bedecken. Rund 1 Stunde schmoren lassen, eventuell zwischendurch noch Wein nachgießen. Dann die Tomaten mit kochendem Wasser überbrühen, enthäuten und vierteln, dazugeben. Die Ente in weiteren rund 45 Minuten weich schmoren. Auch dabei, wenn nötig, noch Flüssigkeit (Wasser) oder restlichen Wein nachgießen. Das Weißbrot in Wasser einweichen. Die Entenleber waschen und fein hacken. Die garen Entenstücke auf eine vorgewärmte Platte legen und warm stellen. Inzwischen das Lorbeerblatt und die Pfefferschötchen aus der Sauce nehmen. Diese mit dem ausgedrückten Weißbrot und der Entenleber verrühren. Auch die Tomaten sollten nun zu Mus geworden und mit der Sauce eine ideale Verbindung eingegangen sein. Die Sauce unter Rühren noch einmal aufkochen, mit Salz und Pfeffer nachwürzen, über die Entenstücke gießen.

Ein uraltes Rezept aus der Gegend von Pisa ist das folgende, bei dem sogar Schokolade verwendet wird. Noch heute ißt man hier zu Ferragosto, am 15. August also:

Süß-saure Ente
Anatra dolce e forte

1 Ente	2 Möhren
Weinessig	$\frac{1}{4}$ l Weißwein
Salz	50 g Pinienkerne
4 Zwiebeln	50 g Rosinen
4 Stangen Bleichsellerie	50 g bittere Schokolade
2 EL Olivenöl	

Die Ente innen und außen waschen. in einen passenden Topf legen und mit Wasser bedecken. Essig dazugießen — die Marinade darf aber nicht zu sauer sein. 2 Zwiebeln und 2 Selleriestangen vorbereiten und grob zerkleinern, dazugeben. Die Ente darin rund einen Tag lang Aroma nehmen lassen, dann herausnehmen, vierteln und trockentupfen. In einem Bräter das Öl erhitzen, die Entenstücke und die restlichen gehackten Zwiebeln und Selleriestangen sowie die vorbereiteten, in Scheiben geschnittenen Möhren darin anbräunen. Mit dem Wein begießen und im geschlossenen Topf bei kleiner Hitze auf dem Herd oder bei 200° in der Röhre die Ente weich schmoren. Das dauert rund 90 Minuten. Inzwischen die Innereien und den Hals der Ente in wenig Salzwasser weich kochen und nach und nach während des Schmorens die Ente mit dieser Brühe begießen. Wenn das Fleisch weich ist, die Entenstücke auf eine vorgewärmte Platte legen und warm stellen. Den Bratfond mit den Pinienkernen, den Rosinen, der geriebenen Schokolade und dem Zucker verrühren und durchköcheln lassen. Mit Essig und Salz vorsichtig süß-sauer abschmecken. Die Ententeile in diese Sauce zurückgeben, damit beträufeln und noch ca. 10 Minuten bei kleiner Flamme durchziehen lassen.

Guter Rotwein gehört unbedingt dazu.

Mein Tip: Salzen Sie schon die Marinade etwas, das macht das Fleisch kräftiger im Geschmack.

Kaninchen

Kaninchen, ob wild oder gezüchtet, sind mit ihrem mageren Fleisch eine Köstlichkeit, die bei allen romanischen Völkern mit Recht geschätzt wird. Nach den folgenden Rezepten können Sie übrigens auch Wildhasen zubereiten, oder das in der Toskana hochgeschätzte Fleisch von jungen Ziegen.

Geschmortes Kaninchen
Coniglio in umido

1 kleines Kaninchen
Salz
Pfeffer
2 EL frischer oder
2 TL getrockneter Thymian
1 Tasse Weißwein
4 Knoblauchzehen
3 EL Olivenöl

4 Zwiebeln
125 g durchwachsenen
Räucherspeck
$\frac{1}{2}$ l Rotwein
1 Lorbeerblatt
400 g Tomaten
2 EL gehackte Walnuß-
kerne

Das Kaninchen in Portionsstücke zerteilen, gut waschen und trockentupfen. Alle Teile reichlich mit Salz, Pfeffer und der Hälfte des Thymian einreiben. Den Wein mit dem kleingeschnittenen Knoblauch vermischen. Die Kaninchenteile lagenweise in eine Schüssel schichten und jeweils mit dem Wein begießen. Die Schüssel mit Folie bedeckt über Nacht in den Kühlschrank stellen. Am nächsten Tag die Zwiebeln schälen und hacken, den Speck in dünne Streifchen schneiden. Das Öl in einem großen Topf erhitzen, Zwiebeln und Speck darin anbraten, dann die Fleischteile darauflegen und von beiden Seiten andünsten. Mit dem Rotwein begießen, den restlichen Thymian und das Lorbeerblatt dazugeben, mit Salz und Pfeffer würzen. Das Kaninchen im geschlossenen Topf bei kleiner Hitze ca. 40 Minuten schmoren. Dann die mit kochendem Wasser überbrühten, geschälten und geviertelten Tomaten dazugeben und weitere 50 Minuten garen, bis das Fleisch weich ist. Die Sauce einkochen, mit den Walnußkernen binden, nachschmecken.

Mein Tip: Kaninchenfleisch darf nicht ganz frischgeschlachtet verwendet werden, es wird sonst beim Schmoren nicht weich. Wenn Sie beim Einkauf nicht sicher sind, ob es schon abgehangen ist: in ein essiggetränktes Tuch wickeln und im Kühlen noch zwei Tage liegenlassen.

Ähnlich, doch durch die Verwendung von Rotwein und viel Zwiebeln kräftiger schmeckt:

Kaninchen auf Sieneser Art
Coniglio senesi

1 kleines Kaninchen	*je 1 EL gehackter frischer*
Salz	*oder 1 TL getrockneter*
frischgemahlener weißer	*Rosmarin und Thymian*
Pfeffer	*2 Lorbeerblätter*
3 EL Olivenöl	*¼ l Chianti*
300 g kleine Zwiebeln	*¼ l kräftige Würfelbrühe*
1 Bund Suppengemüse	*1 Tasse schwarze Oliven*
2 Stangen Bleichsellerie	*50 g geriebene Nüsse*

Das Kaninchen in Stücke teilen, gut waschen und trockentupfen. Alle Teile sehr gut mit Salz und Pfeffer einreiben. In einem Bräter das Öl erhitzen und das Fleisch von allen Seiten darin anbraten. Inzwischen die Zwiebeln schälen und im Ganzen dazugeben. Das Suppengemüse vorbereiten, grob zerkleinern, den Sellerie gut waschen, entfasern, in Streifen schneiden, beides ebenfalls zum Fleisch geben. Mit Salz, Pfeffer und den Kräutern bestreuen, die Lorbeerblätter dazugeben. Mit dem Wein begießen und bei kleiner Hitze im geschlossenen Topf auf dem Herd oder in der Röhre ca. 45 Minuten schmoren. Dann die Brühe und die Oliven zu der Sauce geben, und das Kaninchen in diesem würzigen Sud in weiteren 45 Minuten weich schmoren. Zwischendurch jeweils nach 15 Minuten etwas Fond über

die Fleischteile schöpfen. Die Fleischteile auf einen vorgewärmten Teller legen, warm stellen. Den Fond mit den
Nüssen binden und mit Salz und Pfeffer abschmecken.

Variation: Ein eigenständiges Gericht ist *Coniglio al Vino
Bianco,* zu dem statt Chianti trockener weißer toskanischer
Landwein verwendet wird. Es schmeckt weniger herb, ist
dafür aber von aparter Säure. Übrigens können Sie bei allen Rezepten für Kaninchen das Fleisch während des Garens öfter mit feinstem Olivenöl beträufeln, dadurch wird
es saftiger und es bekommt ein ganz besonderes Aroma.

Saures Kaninchen
Coniglio fiorentino

1 kleines Kaninchen	500 g mild-süßliche gelbe
$^1\!/_8$ l Weinessig, verdünnt	Paprikaschoten
4 EL Olivenöl	Salz
80 g fetter Räucherspeck	500 g Tomaten
2 Möhren	$^1\!/_4$ l kräftiger roter Landwein
2 Bleichselleriestangen	frischgemahlener weißer
500 g Zwiebeln	Pfeffer

Das Kaninchen gut waschen, in Stücke schneiden, in eine
möglichst kleine Schüssel schichten und mit dem Essig begießen. Danach die Kaninchenteile gut abtrocknen. In einem Schmortopf das Öl erhitzen und den Speck darin anbräunen. Die vorbereiteten, gehackten Möhren und den
entfaserten, in Streifen geschnittenen Sellerie dazugeben
und mitschmoren. Indessen die Zwiebeln schälen, grob
hacken, zum Speck geben. Als nächstes werden die Kaninchenteile dazugelegt und von beiden Seiten angebraten.
Während das Fleisch leicht bräunt, den Paprika gut wa-

schen, von Stielansatz und Kerngehäuse befreien, in dicke Scheiben schneiden und mit in den Schmortopf geben. Mit einer Tasse Wasser oder Würfelbrühe aufgießen, im bedeckten Topf bei kleiner Hitze rund 45 Minuten schmoren. Dann die mit kochendem Wasser gebrühten, enthäuteten, halbierten und entkernten Tomaten und den Wein dazugeben. Mit Salz und Pfeffer bestreuen und noch rund 45 Minuten schmoren.

Wer es säuerlich mag, gießt das Fleisch mit der Essig-Marinade statt mit Wasser auf.

Kaninchen nach Pistoia-Art
Coniglio con le mele

1 kleines Kaninchen	*4 EL Olivenöl*
Salz	*1 große Zwiebel*
frischgemahlener weißer	*1 EL Mehl*
Pfeffer	*2 EL Butter*
100 g fetter Speck	*4 Wacholderbeeren*
4 säuerliche Äpfel	*1 Gläschen Weinbrand*
½ l Weißwein	

Das Kaninchen waschen. Die Leber und die übrigen Innereien beiseite legen. Das Fleisch innen und außen gut mit Salz und Pfeffer einreiben. Mit Speckstreifen spicken. In Alufolie wickeln und ca. 3 Stunden Aroma ziehen lassen. Inzwischen 3 Äpfel schälen, halbieren, vom Kernhaus befreien und in Spalten zerteilen. Mit ¼ l Wein begießen und ebenfalls durchziehen lassen. Dann das Kaninchen mit zwei Äpfeln füllen und die Öffnung mit weißem Baumwollgarn zunähen. In einer Pfanne das Öl erhitzen. Die Zwiebel schälen, hacken und kurz anbräunen. Mit dem von den Äpfeln abgetropften und dem übrigen Wein begießen, aufkochen. Das Kaninchen dazugeben, bei kleiner Hitze in der geschlossenen Pfanne (mein Tip: Wenn die passende Pfanne keinen Deckel hat, mit Alufolie bedekken, die Folie an den Rändern gut andrücken) rund 45 Minuten köcheln lassen. Inzwischen die Leber gut waschen, in Mehl wenden. Mit dem Herz in 2 EL Butter in einer Extra-Pfanne anbraten. Wieder herausnehmen und fein hakken, dann zu dem Kaninchen geben. Die restliche Butter, den dritten Apfel, die Leber und die mit der Gabel zerdrückten Wacholderbeeren in die Sauce geben, diese salzen und pfeffern. Alles noch einmal rund $3/4$ Stunden köcheln lassen. Die Sauce soll nun dicklich eingekocht sein. Zuletzt den Weinbrand unterrühren und nachsalzen.

Das Kaninchen in Portionsstücke teilen und mit der Sauce beträufeln.

Florentiner Fleischklößchen
Polpette alla fiorentina

150 g gekochte Kartoffeln	*Pfeffer*
200 g Fleischreste (gekocht oder gebraten)	*geriebene Muskatnuß*
	$1/2$ eingeweichtes Brötchen
50 g geriebener Parmesankäse	*Semmelbrösel zum Wenden*
1 Bund Petersilie	*Olivenöl zum Braten*
1 Ei	*1 Zitrone*
Salz	

Die Kartoffeln schälen und durchpressen. Die Fleischreste durch den Fleischwolf drehen. Kartoffeln und Fleisch mit dem Parmesan, mit der unter fließendem Wasser abgespülten, trockengeschwenkten und gehackten Petersilie, dem Ei, Salz, Pfeffer, Muskat und dem gut ausgedrückten

Brötchen zu einem glatten Teig verarbeiten. Kleine Klößchen formen und in Semmelbröseln wenden. In sehr heißem Olivenöl rundum braun braten und mit Zitronenspal-
ten sofort zu Tisch bringen.

Mein Tip: Fritieren Sie die Klößchen doch. Einen Teil der
im Ganzen gelassenen Petersilie mitfritieren und mitser-
vieren!

Fleischknödel in Weinsauce
Polpettone al vino

500 g mageres Hackfleisch	*frischgemahlener schwar-*
100 g Schinken	*zer Pfeffer*
70 g geriebener Parme-	*geriebene Muskatnuß*
sankäse	*1 Tasse Öl*
3 Scheiben Weißbrot, in	*1 Zwiebel*
Milch eingeweicht	*1 Möhre*
2 Eier	*1 Stange Staudensellerie*
Salz	*$\frac{1}{8}$ l roter Landwein*
	500 g Dosentomaten

Das Fleisch mit dem kleingeschnittenen Schinken, dem
Parmesan, dem ausgedrückten Weißbrot, den Eiern, Salz,
Pfeffer und Muskat zu einem pikanten Teig verkneten. Das
Öl in der Pfanne erhitzen und die geschälte, gehackte
Zwiebel sowie die vorbereitete, zerkleinerte Möhre und
Selleriestange darin anrösten. Aus dem Fleischteig nicht zu
kleine Klöße formen und in dem Öl von allen Seiten an-
braten. Dann mit dem Wein und den durch ein Sieb gestri-
chenen Tomaten auffüllen, aufkochen und die Klöße rund
10 Minuten ziehen lassen. Die Sauce nachwürzen.

Florenz: Bauern- küche mit einem Hauch von großer weiter Welt

Schwerelos schwebt die edel geschwungene Domkuppel über der Stadt: Am Tag umrahmt von Himmelblau, nachts vom Licht der Scheinwerfer aus dem Dunkel hervorgehoben. Die unzähligen Türme und Türmchen, spitzen und runden Dächer sind nur Kulisse im Szenarium, um sie voll zur Geltung zu bringen.

Rundum schwingen sich sanfte Hänge, wie geschaffen als wirkungsvoller Hintergrund für den Ausblick aus den Gassen der Stadt, aber auch, um von ihren Höhen aus in alle Richtungen die schönste Sicht zu schenken.

Das breite, tiefe Arnotal ist meist nur von einem schmalen Wasser-Rinnsal durchzogen, scheint nur ein Vorwand für den Ponte Vecchio. Mit dieser noch aus der Zeit vor der Jahrtausendwende stammenden Brücke feiert man jedesmal aufs neue ein wenig betroffen Wiedersehen, wie mit einer besonders lieben alten, nun von Schäbigkeit arg heimgesuchten Bekannten. Man tummelt sich, schwatzt, handelt, picknickt, ja schläft auf ihr — und all das auf einem Niveau, das nichts mehr von ihrer früheren Eleganz ahnen läßt.

Zwei Punker, mit orangefarbener himmelstrebender Mähne der eine, der andere vom Scheitel bis zur Sohle giftgrün, scherzen mit einem strähnigen Rucksack-Mäd-

chen. Touristen umklammern in ihrer Nähe ängstlich die teure Video-Kamera. Dazwischen schlängeln sich aparte Italienerinnen auf zierlich-hohen Absätzen auf dem Weg zum Büro. Die Schaufenster der Juweliere sind — und das macht mich stets aufs neue betroffen — in der von Februar bis November währenden Hauptsaison wie zu Zeiten des Aufruhrs mit kräftigen Schlagläden verbarrikadiert. Und doch war dies einst die hochkarätigste Kaufstraße der Welt. Die prunkliebenden Mediceer ließen die verschachtelten Lädchen auf die Brücke türmen und bestimmten, daß darin nur Juwelen feilgeboten werden durften: Sie wollten auf dem täglichen Weg von ihrem Wohnpalast zum Regierungssitz hier schauen, wählen und kaufen.

Florenz galt und gilt noch heute als die schönste Stadt der Welt. Kultur wie auch Natur schufen die idealen Bedingungen dafür — die Sonne sorgt für Glanz auch dort, wo Alter und der ständige Strom der Touristen die ursprüngliche Pracht schon kräftig mitgenommen haben.

Das Kapitel hier will und kann kein Führer zu den bemerkenswertesten Punkten von Florenz sein. Doch was sonst auch immer gegen den Touristen und dem ständig in den Kunstführer gerichteten Blick zu sagen wäre: Hier kommen Sie ohne kunsthistorische Anleitung nicht aus. Lesen Sie sie vor ihrem Besuch und immer dann, wenn Sie ein wenig Ruhe im Hotel suchen. Beim Spaziergang durch die Stadt sollten Sie nichts als schauen, denn bei jedem Blick, aus jeder Perspektive begegnen Sie Schönheit im Überfluß. Sei es ein edles Portal, eine klassische Säulenanordnung, ein Platz oder eine Kirche, ein besonders malerischer Gassenzug — die ganze Stadt ist ein einziges Museum.

Keinesfalls entgehen lassen sollten Sie sich jedoch den Panorama-Blick auf Florenz: Meist sucht man dafür den

Piazzale Michelangelo auf, noch schöner ist er nach meiner Meinung von der alten Veste Belvedere aus mit den blütenübersäten Boboli-Gärten zu Füßen. Das Spiel der Farben vom Silber der mit Oliven bestandenen Hänge über die warmen Rot-, Braun- und Gelbtöne der Stadt bis zu den leuchtenden Blumen im Vordergrund ist einem jeden Gemälde in den Uffizien, einem der berühmtesten Museen der Welt, gleichwertig.

Bleibt nur noch, den Besuch der Umgebung mit den schönsten Renaissance-Villen und besonders den von Fiesole, der Sommervillenstadt von Florenz seit vorchristlicher Zeit, zu empfehlen, ehe wir uns der Küche zuwenden.

Zuerst einmal: Alles, was Sie in dem Kapitel über die toskanische Küche im allgemeinen gelesen haben, trifft ganz besonders auf die Florentiner zu, ja, hat hier sogar seine Wurzeln. Die toskanische Bauernküche, vom Stadtleben, den unzähligen adeligen und Großbürger-Haushaltungen und nicht zuletzt vom Umfeld der lebenliebenden Medici verfeinert, zeigt sich hier in ihrer vollkommensten Form.

Über diese Küche können Sie Konkretes in dem Buch *Von der ehrlichen, ziemlichen und erlaubten Wollust des Leibes* nachlesen. Vor rund 550 Jahren schrieb es ein Florentiner, Bartolomeo Sacchi, genannt Platina. Der Freund der Medici (und begeisterte Schlemmer) wurde später als Mundkoch von Papst Pius II. nach Rom geholt. Dieser Papst, als echter Renaissance-Mensch die Freuden des Diesseits nicht verachtend, machte ihn für seine Dienste um die vatikanische Küche sogar zum Leiter seiner Bibliothek.

Als dann Katharina von Medici mit einem Troß von Hofleuten, aber auch Köchen, 1533 zu ihrer Hochzeit mit Heinrich II., König von Frankreich, aufbrach, befand sich dieses Kochbuch natürlich auch im Gepäck. Es bildete, so behaupten die Toskaner stolz, die Grundlage für die französische Küche, die sich dann unabhängig weiterentwickelte und jahrhundertelang die italienische überschattete.

Bald zogen, mit Winckelmann und Goethe beginnend, immer mehr sonnen- und schönheitsdurstige »Nordländer« nach Italien — und keiner versäumte den Besuch von Florenz. Ja, im vorigen Jahrhundert gehörte es zum guten Ton in der großen Gesellschaft, jedes Jahr Wochen und Monate dort zu verleben. Man hatte nicht selten eine eigene Wohnung — und natürlich einheimische Köche — in Florenz. Mit den Fremden kamen deren kulinarische Ideen und Wünsche.

Selbst der sehr konservative Toskaner nahm davon ein wenig auf — eben soviel, um in die Bürger- und Bauernküche, die inzwischen kaum mehr einen Unterschied kennt, jenen Hauch von weiter Welt zu bringen, die ihr den letzten Schliff verleiht.

Freuen Sie sich deshalb, wenn Sie in Florenz eingeladen werden — jede Florentinerin, und sei sie voll berufstätig, ist eine vorzügliche Köchin. Sie kauft mit soviel Sachkenntnis und Anspruch ein, als hätte sie den ganzen Tag dafür zur Verfügung. Und kocht zwar oft schnell, doch immer überlegt.

Ein ganz besonderes Kapitel ist übrigens das Essen in den Restaurants. Nur zu viele größere und kleinere Gaststätten, Pizzerien und sogar Schnellbedienungsrestaurants sind ganz auf durchreisende Gäste eingestellt. Man bietet dort das Essen so schnell und billig, wie es gewünscht wird — und das macht dem kulinarisch Anspruchsvolleren wenig Freude.

Wir haben hier einige Restaurants ausgewählt, zu deren Besuch Sie sich unbedingt etwas Zeit nehmen sollten und die natürlich auch nicht in der untersten Preiskategorie angesiedelt sind, die aber den Aufwand voll und ganz lohnen. Hier können Sie toskanisch in Vollendung essen. Wollen Sie vorher eines der Spezialitätenrezepte zu Hause ausprobieren?

Trattoria Armando
di Pieralli Pieri
Borgo Ognissanti 140r
Florenz

Hier kehren die Florentiner Künstler gern ein, deshalb bietet »Armando« neben vorzüglichen einheimischen Gerichten auch viel Atmosphäre. Das Restaurant ist nahe dem Opernhaus gelegen.

Kutteln auf Florentiner Art
Trippa alla fiorentina

Wie bereits erwähnt, halten die Toskaner als Individualisten nicht sehr viel von genauen Mengenangaben. Außerdem bereitet man ein Gericht ohnehin von Haushalt zu Haushalt verschieden zu; man hält sich eigentlich nur an die Grundrezepte. Hier nun die Basis zu »Trippa« nach »Armando«:

Zwiebeln	*etwas abge-*
Karotten	*riebene Zitronen-*
Olivenöl	*schale*
Kaldaunen	*Salz*
enthäutete, entkernte	*Pfeffer*
und passierte Tomaten	

Eine Handvoll gehackter Zwiebeln und Möhren in Olivenöl anbraten. Die Kaldaunen gut waschen und in dünne Strei-

fen schneiden. In die Pfanne geben, die Tomaten einrühren und mit Zitronenschale, Salz und Pfeffer würzen.
Etwa zwei Stunden kochen lassen, dann mit Butterflöckchen und geriebenem Parmesan bestreut servieren.

Noch ein weiteres Grundrezept von »Armando« für

Fischfilet auf Kartoffeln
Coda di rospo con patate

»Coda di rospo« ist ein bei uns kaum bekannter und auch nicht erhältlicher Mittelmeer-Fisch. Sie können aber zur Bereitung dieses Rezepts das Filet jedes beliebigen Mittelmeerfischs verwenden.

Kartoffeln	*Pfeffer*
Fischfilet	*Rosmarin*
Petersilie	*Olivenöl*
Knoblauch	*Zitronensaft*
Salz	

Die Kartoffeln schälen und in Scheiben schneiden, den Boden einer feuerfesten Form damit auslegen. Das vorbereitete Fischfilet darauf verteilen. Gehackten Knoblauch, Petersilie und Rosmarin in Öl anbraten, mit Salz und Pfeffer würzen und über den Fisch und die Kartoffeln verteilen. Reichlich Öl und Zitronensaft darüberträufeln, dann mindestens zwei bis drei Stunden Aroma ziehen lassen. In 30 Minuten im Ofen gar schmoren.

Ristorante 13 Gobbi
Via del Porcellana 9/r
Florenz

Bekannt für seine vorzüglichen toskanischen Spezialitäten ist das Restaurant mit dem originellen Namen »13 Bucklige«. Die uns von ihm freundlicherweise zur Verfügung gestellten beiden Rezepte machen sowohl beim Nachkochen, mehr aber noch beim Genießen, Freude. Verzichten Sie darauf ebensowenig wie auf einen Besuch der »le Gobbi« beim nächsten Florenz-Aufenthalt. Das Restaurant ist geschlossen: Sonntags, montags und vom 28. Juli bis 29. August.

Crêpes auf Florentiner Art
Crepes alla fiorentina

Aus Mehl, Milch und Eiern einen Crêpe-Teig, aus Ricotta und Spinat, Salz und Pfeffer eine Füllung bereiten. Die Crêpes backen und mit dieser Füllung bestreichen, dann zusammenrollen. In eine Kasserolle etwas Béchamelsauce und wenig geriebenen Parmesan geben und die Crêpes darauflegen. Ungefähr 10 Minuten vor dem Servieren im Ofen gratinieren. Sehr heiß — wenn möglich auf einem vorgewärmten Teller — servieren.

Rindfleisch in Chianti
Bracioline di manzo chiantigiana

In einer Pfanne Olivenöl erhitzen. Gehackte Zwiebeln, Sellerie und Petersilie darin anbraten. Dann enthäutete Tomaten und Chianti zugeben und bei milder Hitze köcheln lassen. Ein Stück mageres Rindfleisch in Stücke zerteilen und in der Pfanne in reichlich Olivenöl bei großer Hitze braten. Wenn das Fleisch gar ist, ein Glas Chianti zugießen und kurz ziehen lassen. Dann die Fleischstücke und die Sauce in die Pfanne mit dem Gemüse geben und alles noch etwa 15 Minuten köcheln lassen.

Gemüse — jedes in seiner Saison

Nichts liebt die Toskanerin mehr als frisches Gemüse. Auf seine Zubereitung legt sie ganz besonderen Wert.

Daß das Gemüse jeden Tag frisch auf dem Markt eingekauft wird, ist Ehrensache. Das macht Spaß, denn die Stände sind reich bestückt mit Erntefrischem, malerischbunt aufgebaut. Von jeder Gemüseart gibt's dazu noch meist gleich mehrere Variationen, so neben den »normalen« Zwiebeln Frühlingszwiebeln, aber auch violette, gelbe, scharfe, süße und und und. Die Marktfrau begrüßt die Gelegenheit, beim Schwatz über das Einzukaufende Neuigkeiten über den jüngsten Sohn, die neuen Nachbarn, die Ernte und vieles andere mit anzubringen. Und es wird als selbstverständlich akzeptiert, daß Augen und Nase und auch die Hände Qualität und Frische gründlich prüfen.

Wer ein Stückchen Garten hat, zieht sein Gemüse selbst. Das ist in der Toskana wichtiger als der bei uns gehätschelte Rasen. Ob aus eigener Ernte oder vom Markt: Gemüse wird sofort zubereitet. Dies sollten auch wir voll übernehmen, denn es gehen nicht nur Vitamine mit jeder Stunde verloren, die zwischen Ernte und Kochtopf liegt, sondern auch sehr, sehr viel vom subtilen Eigengeschmack. Übrigens hat in der Toskana Dosen-Gemüse gar keine, tiefgefrorenes nur wenig Chancen. Gemüse stellt immer den Hauptanteil einer Mahlzeit dar. Das Stück Fleisch oder der Fisch, beides in Italien gut, aber teuer, sind nur die kleine Beigabe. Schon deshalb wird auf die Zubereitung von Grünem soviel Sorgfalt und Fantasie verwendet. Beinahe immer werden zwei Gemüsesorten serviert. Sie werden so zubereitet, daß ihre Eigenart voll erhalten bleibt, und so angerichtet, daß die Farben miteinander harmonieren, denn das Auge ist beim Toskaner ebenso anspruchsvoll wie der Gaumen.

Wir setzen voraus, daß Sie jeweils nur eine Art reichen wollen und haben uns bei den Mengenempfehlungen danach gerichtet. Das bedeutet: Wenn auch Sie sich einmal mit Lust und Liebe ans Kochen von verschiedenem Gemüse für eine Mahlzeit entschließen sollten, dann genügt jeweils die Hälfte der hier angegebenen Menge. Gut schmeckt es allerdings, auch wenn Sie einfach zwei verschiedene Gemüse nach Toskana-Art ohne weitere Fleisch- oder Fisch-Zugabe auf den Tisch bringen. Kräftiges Weißbrot und ein Glas Wein vervollständigen das Ganze zu einer eigenständigen Mahlzeit.

Gemüse darf nie zu weich gekocht werden, sondern muß noch »Biß« — und damit Aroma und alle Vitamine haben. Wichtig ist auch, daß es einen appetitlichen Anblick bildet: Es darf nicht verkocht aussehen, muß noch Form und Farbe haben, wenn es dem Toskaner voll und ganz zusagen soll. Wir haben das von der (vorübergegangenen) Welle der »Neuen Küche« wieder gelernt und sollten es nicht vergessen, besonders, wenn wir nach südlicher Art schlemmen wollen. Wichtig ist auch, daß der Eigengeschmack nur unterstrichen, nie aber übertönt wird. Gewürzt wird mit Kräutern und Käse sowie (in der Toskana wenig) Knoblauch. Sie können diese geschmacksstarken Komponenten auch dann verwenden, wenn es im Rezept nicht extra angegeben ist. Jedoch, bitte, sparsam damit verfahren!

Olivenöl gehört mit seinem feinen, typischen Aroma zum sonnenreifen Toskana-Gemüse. Sie können es darin schmoren oder später in einer Öl-Essig-Sauce marinieren, wenn das Gemüse kalt als Vorspeise oder auch zu Fleisch oder Fisch gegessen werden soll. Olivenöl erster Pressung, das aromatische Jungfernöl, ist allerdings zum Erhitzen zu kostbar. Das Öl zweiter Pressung, das noch Wohlgeschmack hat, aber erschwinglicher ist, eignet sich bestens für unsere Gemüse.

Mit zunehmendem Wohlstand (und einer fortschreitenden Weltoffenheit) nimmt allerdings die Butter einen immer größeren Raum in der Küche ein. Sie können das Öl beim Schmoren ganz oder teilweise (das ist besonders delikat) durch sie ersetzen.

Niemals wird der Gemüsesaft mit Mehl gebunden. Er verdunstet in den letzten Garminuten bei geöffnetem Topf, dadurch wird die Sauce so »kurz«, wie man es dort liebt. Soll die Sauce sämig sein, rührt man etwas geriebenes Gemüse oder eine gepreßte, frische, reife Tomate unter und läßt noch einmal kurz aufkochen.

Übrigens wird — wie sollte es hier in den weinbestandenen Hügeln anders sein! — auch oft beim Gemüsekochen zur Weinflasche gegriffen. Das verleiht für viele Gemüsearten begehrte Säure in bester Form, probieren Sie es doch mal aus! Der trockene Toskana-Landwein, je nach Gemüsesorte rot oder weiß, eignet sich dafür immer bestens.

Was sonst noch zu den einzelnen Sorten zu sagen ist, lesen Sie jeweils bei den Rezepten. Wir haben sie, der Übersichtlichkeit halber, nach den deutschen Namen alphabetisch geordnet.

Doch beschränken Sie sich nicht auf die von uns angebotenen Rezepte: Variieren Sie, bereiten Sie doch auch einmal Blumenkohl nach Broccoli-Art, mischen Sie, auch wenn das die Toskanerin nur in Ausnahmefällen praktiziert — mehrere Gemüsesorten.

Noch ein Hinweis, der nützlich sein könnte: In der Toskana wie auch auf dem übrigen »Stiefel« verzichtet man sehr oft auf Fisch oder Fleisch, wenn das Gemüse mit Schinken oder Wurst oder auch Hackfleisch gegart wurde. Probieren Sie auch dies aus. Doch nun zuerst zu ein paar Grund-Zubereitungsarten, die sich für viele Gemüsesorten eignen und die Sie kennen sollten.

Fritiertes Gemüse
Verdure fritte

Es wird auch gerne zärtlich »Verdure dorate«, Goldenes Gemüse also, genannt. Das gewaschene und geputzte Gemüse wird dafür entweder in einem Eierkuchenteig gewendet, oder zuerst in Mehl, dann in gesalzenem, gepfeffertem und verquirltem Eigelb, zuletzt in Semmelbröseln. Danach fritiert man es partienweise in Öl.

Das sonst so geliebte und von uns empfohlene Jungfernöl mit dem feinen Aroma ist dafür zu schade. Außerdem ist dessen starker Eigengeschmack in diesem Fall auch nicht erwünscht. Verwenden Sie deshalb, wie die Toskanerin, zum Fritieren von Gemüse entweder das fast geschmacksneutrale »normale« Olivenöl aus der dritten Pressung, oder (das setzt sich gerade in der Toskana zusammen mit den immer häufiger anzutreffenden Sonnenblumenfeldern mehr und mehr durch) Sonnenblumenöl.

Besonders gut eignen sich zum Fritieren:

Auberginenscheiben, vorbereitet nach dem Grundrezept, S. 109 f.,
kleine Artischocken aus der Konserve, geviertelt,
vorgegarte Blumenkohlröschen,
blanchierte Broccoli-Röschen,
kurz vorgekochter, in Streifen geschnittener Gemüsefen-
chel,
Stifte von festen, gekochten Kartoffeln (für uns ungewohnt, doch einen Versuch wert!),
blanchierte Kopfsalatherzen, halbiert,
Stücke von vorgegartem Lauch,
kurz gekochte Streifen von Paprikaschoten,
Pilze aller Art, wenn nötig, geviertelt,
vorgegarter Rosenkohl,
kurz gekochter Staudensellerie, in Stücke geschnitten,
ganze, gut gewaschene Spinatblätter, roh,
blanchierte Weißkohl-Streifen (mal etwas ganz anderes!),
Stücke von Zucchini, ungeschält,
winzige geschälte, vorgekochte Zwiebelchen.

Alles Gemüse muß sehr gut abgetropft sein, ehe es paniert oder in den Teig getaucht wird.

Der folgende *Bierteig* schmeckt kräftig und ist ideal zum
Einhüllen von Gemüse. Dafür 1 Tasse Bier mit $\frac{1}{2}$ Tasse
Mehl, Salz, Pfeffer und 3 EL geriebenem Parmesankäse
verrühren.
Statt Bier kann auch Weißwein verwendet werden, das
gibt feine Säure.

Aber auch *Eierkuchenteig* (aus Mehl, verquirltem Ei, Salz,
Pfeffer und Milch, Leitungswasser oder Mineralwasser)

eignet sich gut. Er kann, muß aber nicht mit Parmesan gewürzt werden. Nach dem Fritieren wird das Gemüse auf Küchenkrepp gelegt, damit das überschüssige Fett abtropfen kann.

Mit Salz, Pfeffer und Kräutern bestreuen und sofort als Beilage zu Fleisch oder Fisch servieren.

Die idealen Kräuter sind gehackte Petersilie oder frischer, gehackter Rosmarin, oder kleingeschnittener Salbei oder eine Spur Pfefferminze. An dieser Stelle sei ausdrücklich erwähnt, daß die Toskanerin immer glatte Petersilie verwendet. Nur diese hat Aroma, während die bei uns so sehr bevorzugte krause Petersilie nichts als Dekorationswert hat.

Bei uns können alle diese Kräuter zur Not getrocknet als Pulver zum Würzen der *Verdure fritte* Verwendung finden.

Ein besonderer Genuß aber sind fritierte Zucchiniblüten, die leider in Deutschland praktisch nie angeboten werden. Falls Sie jedoch in Italien einmal eine Ferienwohnung mieten sollten und eine Küche zur Benützung haben, sollten Sie sie unbedingt zum goldenen Fritieren vormerken!

Mein Tip: Reichen Sie doch an heißen Tagen einmal gemischtes fritiertes Gemüse als eigenständige Mahlzeit.

Weißwein oder auch Rotwein, natürlich trocken und möglichst aus der Toskana stammend, gehört dazu und vervollständigt den Genuß.

Aber auch eine kleine Vorspeisen-Portion fritiertes Gemüse ist eine reine Gaumenfreude.

Hier nun das Rezept für

Gemischtes fritiertes Gemüse
Fritto misto delle verdure

*800 g möglichst
verschiedene Arten der
vorher genannten
Gemüsesorten,
gewaschen und
geputzt gewogen
Mehl
2 Eier
Salz
frischgemahlener
weißer Pfeffer*

*Semmelmehl zum
Panieren oder
einen der oben
vorgeschlagenen Teige
Olivenöl dritter
Pressung oder
Sonnenblumenöl
zum Ausbacken
Kräuter (wie empfohlen)
zum Würzen*

Das gut abgetropfte Gemüse panieren oder in Teig tau-
chen. Bei 180° partieweise in Öl fritieren. Dabei nie zu
viele Stücke auf einmal ins Öl geben, weil dieses sonst
abkühlt und die Gemüsekruste zuviel Fett aufsaugt.
Goldbraune Stücke sofort mit dem Schaumlöffel herausheben und auf Küchenkrepp legen. Mit Salz und Pfeffer
würzen, mit den vorher mit kaltem Wasser abgespülten,
trockengeschwenkten frischen Kräutern oder mit Kräuter-
pulver bestreuen und sofort servieren.

Mein Tip: Auch Tiefkühlkräuter eignen sich zum Würzen, sie müssen vorher halb auftauen.

Während man im übrigen Italien zum fritierten Gemüse
gerne schwere, starkgewürzte Tomatensauce serviert, ißt
man es hier meist ohne Beigabe.
Wer dennoch eine Sauce möchte, preßt vollreife Toma-

ten (oder Tomaten aus der Konserve) durch ein Sieb und würzt sie vorsichtig mit Salz, Pfeffer und gehackter Petersilie. Nur erwärmen, nicht kochen!

Mein Tip: Zwar nicht typisch für das Land der Oliven und des Weins, doch köstlich zu fritiertem Gemüse jeder Art ist sehr kalte, ebenso wie die Tomatensauce leicht gewürzte, saure Sahne.

Hier nun ein anderes bevorzugtes italienisches Gemüserezept in toskanischen Versionen:

Gefülltes Gemüse
Verdure ripiene

Am besten eignen sich zum Füllen:

Auberginen, möglichst viel Fruchtfleisch herausnehmen! Vor dem Füllen innen salzen, den Saft abtropfen lassen),

Artischocken,

Fenchel (am besten vor dem Füllen kurz vorkochen),

Kartoffeln (ebenso in leichtem Salzwasser 10 Minuten geschält vorkochen),

Kopfsalat (er muß vorher blanchiert werden),

Paprikaschoten (unbedingt vorgaren!),

Staudensellerie (längs halbierte dicke Stangen von ca. 15 cm Länge, sie werden kurz vorgekocht),

das geviertelte Innere von Weißkohlköpfen (vorgaren, abschrecken),

Zucchini (vorgaren),

Zwiebeln (in gesalzenem Wasser mit etwas Essig vorkochen!).

Mein Tip: Mischen Sie doch das Gemüsefleisch, das Sie zum Füllen herausgenommen haben, grob gehackt, mit in die Farce. Das macht diese leichter, saftiger und unterstreicht den Eigengeschmack.

Als Füllung eignet sich sehr gut:

Toskanische Farce
Ripieno toscano

200 g Kalbshack-	*4 EL gehackte Petersilie*
fleisch	*Salz*
50 g Mozzarella-	*frischgemahlener*
Käse	*weißer Pfeffer*
1 Ei	*geriebene Muskat-*
4 EL Semmelbrösel	*nuß*

Aus allen Zutaten einen mildgewürzten Fleischteig bereiten.

Füllung nach Pienza-Art
Ripieno alla Pienza

Ersetzen Sie das für die Füllung nach Toskana-Art empfohlene Kalbshackfleisch durch Schweinemett (Blutwursthack). Es darf mit grobem schwarzem Pfeffer kräftiger gewürzt werden. Etwas Knoblauch tut der Füllung gut.
Diese herzhafte Farce kann vor der Verwendung noch in der Pfanne unter Rühren in Olivenöl angebräunt werden.

Füllung nach Siena-Art
Ripieno alla Siena

Dazu lassen sich Reste von gekochtem oder gebratenem Huhn verwenden.

200 g Hühnerfleisch	frischgemahlener
100 g Hühnerleber	weißer Pfeffer
1 Ei	1 Ei
1 Tasse gekochter	1 EL frisches oder
Reis	1 TL getrocknetes
Salz	zerkleinertes Basilikum

Das Fleisch und die Leber kleinschneiden oder durch den Fleischwolf drehen. Alle Zutaten vermischen, gut durchkneten.

Füllung nach Arezzo-Art
Ripieno all'Arezzo

100 g Kalbshack-	$\frac{1}{2}$ eingeweichtes und
fleisch	wieder ausgedrücktes
100 g kräftig schmeckende	Brötchen
Wurst, möglichst	100 g beliebige Pilze
leicht geräuchert	etwas frischer oder
1 Knoblauchzehe	getrockneter Thymian
1 Ei	Salz
	edelsüßes Paprikapulver

Das Hackfleisch und die enthäutete und kleingeschnittene Wurst mit gepreßtem Knoblauch, Ei, Brötchen, den vorbereiteten, gehackten Pilzen und den Gewürzen zu einem pikanten Teig verarbeiten.

Füllung nach Florentiner Art
Ripieno fiorentino

300 g geputzte Spinat-
blätter
3 EL Semmelbrösel
4 EL Sahne
1 Ei

Salz
frischgemahlener
weißer Pfeffer
2 EL gehackte
Petersilie
geriebene Muskatnuß

Die Spinatblätter in einem großen Topf ohne Zugabe von
Wasser — das nach dem Waschen an den Blättern ver-
bliebene genügt — 5 Minuten dünsten, dann auf einem
Sieb abtropfen lassen und grob hacken. Mit allen anderen Zutaten vermischen.
100 g beliebiges Hackfleisch kann, muß aber nicht mit in
die Masse geknetet werden. Nach Wunsch kann ein
zweiter Eidotter zugegeben werden. Herzhafter wird die
Füllung, wenn noch eine feingeschnittene, in Öl ange-
schmorte Zwiebel untergemischt wird.

Füllung nach Bäuerinnen-Art
Ripieno alla paesana

250 g beliebige Pilze,
evtl. aus der Dose
1 Zwiebel
2 EL Olivenöl
100 g Weißbrot
ohne Rinde, in Milch
eingeweicht

Salz
frischgemahlener Pfeffer
einige Rosmarinnadeln
50 g geriebener
Parmesankäse
100 g kräftig gewürzte
Wurst

Die Pilze vorbereiten, Dosenpilze abtropfen lassen.
Kleinschneiden. Die Zwiebel schälen, fein hacken und

im Öl anschmoren. Das Weißbrot leicht ausdrücken. Alles verkneten und die Masse mit Salz, Pfeffer und zerbröseltem Rosmarin pikant abschmecken. Zuletzt den Parmesan und die enthäutete, in kleine Würfel geschnittene Wurst dazugeben.

Variationen: Die Pilzmasse kann auch noch mit gepreßtem Knoblauch und/oder viel feingehackter Petersilie gewürzt werden.

Füllung nach Fischerinnen-Art
Ripieno alla pescatora

200 g Fischfilet	*½ Zitrone*
100 g Sahne	*etwas Majoran*
Salz	*1 EL geriebener Parmesankäse*
etwas Pfeffer	

Den Fisch gut waschen und abtropfen lassen. Die Sahne mit Salz, Pfeffer, Zitronensaft und Majoran durchkochen. Den Fisch zerpflücken, dazugeben und 8 Minuten ziehen lassen. Den noch verbleibenden Saft mit Käse binden.

Variation: Ersetzen Sie den Fisch durch Muschelfleisch, das ist eine feine Sache.

Füllung nach Köhlerinnen-Art
Ripieno alla carbonara

100 g fetter Räucher-	grobgeschroteter
speck	schwarzer Pfeffer
3 Eier	(Steakpfeffer)
Salz	4 EL Sahne
	4 EL gehackte Petersilie

Den Speck fein würfeln und in einer Pfanne knusprig ausbraten. Inzwischen die Eier mit Salz, Pfeffer, Sahne und Petersilie verquirlen. Wenn die Speckwürfel knusprig sind, die Flamme zurückdrehen. Die Eier zum Speck gießen und gerade eben stocken, keinesfalls aber trocken werden lassen. Sofort weiterverwenden. Als Füllung nur noch kurz überbacken, vorher mit viel geriebenem Käse überstreuen — auch dieser bildet eine Hülle gegen starke Hitze, die die Eier austrocknet.

Füllung nach Elba-Art
Ripieno elbanese

100 g gekochter oder	2—3 Sardellen-
roher Schinken	filets
50 g Semmelbrösel	2 Knoblauchzehen
50 g schwarze Oliven	1 Ei

Den Schinken sehr fein schneiden. Mit den Semmelbröseln, den entkernten, gehackten Oliven, den gut zerkleinerten Sardellenfilets, gepreßtem Knoblauch und Ei vermischen.
Da dieser Teig sehr pikant ist, sollten Sie das Gemüse sehr vorsichtig salzen!

Füllung nach Schäferinnen-Art
Ripieno alla pecoraia

3 Eier   150 g Ricotta
4 EL beliebige   (oder Schichtkäse
frische Kräuter   oder Mozzarella)

Die Eier verquirlen, mit den Kräutern und dem in Flöckchen zerteilten Käse unter Rühren bei geringer Hitze in einem kleinen Topf zu einer weichen, keinesfalls trockenen Masse stocken lassen.

Die Liste der Füllungen, die dem Gemüse genügend Möglichkeit zur Entfaltung des Eigenaromas lassen und doch ganz besondere Geschmacks-Akzente setzen, ließe sich beliebig fortsetzen. So können Sie auch durchpassierte Tomaten mit Salz, Pfeffer und Petersilie würzen und ihnen mit Semmelbröseln und Parmesan Substanz geben. Sicher fällt Ihnen dazu noch vieles ein. Hauptsache, daß immer volle Geschmacks-Harmonie gewahrt ist, so, wie man es in der Herz-Provinz Italiens schätzt und wie Sie es durch das Nachkochen einiger Rezepte aus diesem Buch sicher schon im Griff haben.
Das ausgehöhlte Gemüse in einer feuerfesten, flachen Form nebeneinanderlegen und nach Lust und Laune mit einer unserer Farcen füllen.
Mit Sahne, Brühe oder Tomatensauce übergießen, mit einer Mischung aus Semmelmehl und Parmesankäse bestreuen, mit Butterflöckchen besetzen oder mit bestem Olivenöl beträufeln und in der auf 180° vorgeheizten Röhre rund 30 Minuten backen. Danach sofort servieren.

Sehr fein, wenn auch nicht so subtil im Aroma, ist *Gemüse in Parmesan-Sahne-Sauce (Verdure in crema di for-*

maggio). Dafür können Sie Auberginen, Artischocken, Blumenkohl, Erbschen, dicke Bohnen, Broccoli, Fenchel, Kopfsalat und Lauch, Pilze, Rosenkohl, Selleriestangen, Spargel und Spinat, Zucchini und Zwiebelchen verwenden. Das Rezept finden Sie unter *Möhren in Käsecreme (Carotte in crema di formaggio)*, S. 138.

Auberginen — Melanzane

Die dunkelvioletten, dicken Eierfrüchte werden auch bei uns fast überall und das ganze Jahr über angeboten und sind in unserer Küche heimisch geworden. Ihre Zubereitung ist problemlos, wenn man ein paar Kniffe kennt:
Auberginen werden nie geschält, man muß sie also gut waschen. Nur die beiden Enden werden großzügig abgeschnitten.
Da Auberginen leicht bitter schmecken, wird ihnen der Saft, in dem das herbe Aroma sitzt, entzogen. Man schneidet die vorbereiteten Früchte in fingerdicke Scheiben und salzt sie. Nun tritt der Saft aus und kann abgewaschen werden.
Bei uns läßt man den Eierfrüchten dazu 30 Minuten Zeit. Die Toskanerin geht schon am Abend (oder, wenn das Auberginen-Gericht am Abend gereicht werden soll, am Morgen) an die Arbeit: Die Melanzane-Scheiben werden auf dem Abtropfbrett des Spülbeckens nebeneinandergelegt und mit Salz bestreut. Der nun austretende Saft tropft gleich in den Abguß. Alles Bittere wird so garantiert entfernt. Ob Mineralstoffe damit verlorengehen, ist nicht bekannt. Auf jeden Fall: Die Scheiben danach unter fließendem kalten Wasser gut abspülen, auf Küchenkrepp abtrocknen lassen, dann nach Rezept weiterverwenden.

Sie können Melanzane nach den Grundrezepten fritieren (s. S. 98 ff.) oder füllen (nach einem unserer Vorschläge auf S. 102 ff.). Auberginen haben relativ wenig Eigenaroma. Sie werden deshalb entweder mit anderem Gemüse zusammen (Zwiebeln, Paprika und Tomaten sind ideal) gegart, oder zumindest gut gesäuert und gewürzt. Sie brauchen viel Öl, um gut zu schmecken, wundern Sie sich deshalb nicht über unsere diesbezüglichen Mengenangaben.

Doch nun zwei ganz besondere Rezepte:

Marinierte Auberginen
Melanzane cott'olio

800 g Auberginen	*1 EL frische oder*
Salz	*1 TL getrocknetes*
1 Peperoncino	*Basilikum*
1 Tasse Wein-	*1 EL frischer oder*
essig	*1 TL getrockneter Oregano*
5 Knoblauch-	*1 Tasse Olivenöl*
zehen	

Das Gericht muß mehrere Tage zuvor zubereitet werden. Es eignet sich vorzüglich für die Vorspeisenplatte und wird immer kalt gereicht!

Die Auberginen vorbereiten. Wenn die Bitterstoffe entfernt, die Scheiben abgespült und trockengetupft worden sind, Essig zum Kochen bringen. Salz, 1 Tasse Wasser und die Pfefferschote dazugeben und kurz aufkochen, dann die Melanzane-Scheiben nacheinander je 3 Minuten kochen. Mit dem Schaumlöffel herausheben, auf Küchenkrepp abtropfen lassen.

Den Knoblauch schälen, hacken und mit den Kräutern

vermischen. Die Melanzane in eine Schüssel schichten, jede Schicht mit Knoblauch, den Kräutern und Salz bestreuen. Mit dem heißen Essig und dem Öl begießen und mit Folie bedecken. Rund 2 Tage durchziehen lassen.

Variation: Zucchini können genauso mariniert werden, sie müssen jedoch nicht eingesalzen und zum Abtropfen ausgelegt, sondern können sofort in den kochenden Essig eingelegt werden. Hier ist Minze als Kräuterwürze ideal. Verwenden Sie dazu etwas zwischen den Fingern zerriebenen Pfefferminztee anstelle des Basilikums.

Überbackene Auberginen
Melanzane gratinate

800 g Auberginen	50 g Parmesankäse,
Salz	gerieben
3 Knoblauchzehen	$\frac{1}{8}$ l trockener weißer
4 EL Olivenöl	Landwein
1 Döschen Tomatenmark	1 EL gehacktes frisches
50 g Semmelbrösel	oder 1 TL getrocknetes
$\frac{1}{2}$ naturreine Zitrone	Basilikum

Die Auberginen waschen, von den Bitterstoffen befreien und abspülen. Den Knoblauch schälen und hacken. In der Pfanne das Öl erhitzen, den Knoblauch darin hell anbraten. Mit dem Tomatenmark verrühren und einige Minuten durchschmoren. Inzwischen in einer Schüssel die Semmelbrösel mit der fein abgeriebenen Schale und dem ausgepreßten Saft der Zitrone und dem Parmesan vermischen. Das Tomatenmark mit dem Wein aufgießen und noch einmal aufkochen, salzen, und das Basilikum unterrühren. Die Auberginenscheiben nun in eine feuerfeste Form schichten. Mit der Tomatensauce übergießen und mit dem Semmelbröselgemisch bestreuen. In der auf 200° vorgeheizten Röhre 30 Minuten garen, dabei in den ersten 15 Minuten mit Alufolie bedecken.

Variation: Gut schmeckt es auch, wenn Sie nur rund 500g Auberginen, dazu 250 g frische, geschälte Tomaten und eine in Streifen zerteilte und blanchierte Paprikaschote verwenden.

Artischocken — Carciofini

Viel lieber als die in Frankreich gebräuchlichen faustgroßen Artischocken, die Carciofi, ißt man in Italien die kleinen Edel-Disteln, die *Carciofini.*
Man bekommt sie bei uns gut und preiswert als Konserve, die wir auch für unsere Rezepte hier zugrunde gelegt haben. Die Carciofini aus der Dose oder dem Glas nehmen und gut abtropfen lassen, dann können sie beliebig weiterverwendet werden.

Artischocken auf Florentiner Art
Carciofini alla fiorentina

8 kleine Artischocken
(Konserve)
Zitronensaft
50 g Butter
2 Knoblauchzehen
Mehl
$^1/_8$ l kräftige Würfelbrühe

$^1/_8$ l weißer
toskanischer Land-
wein
50 g geriebener
Parmesankäse
$^1/_2$ Bund Petersilie
Salz

Die Artischocken gut abtropfen lassen, dann der Länge
nach vierteln, mit Zitronensaft beträufeln. In einer großen Pfanne die Butter erhitzen. Inzwischen den Knoblauch schälen, hacken. Dazugeben und anschmoren. Die
Artischocken in Mehl wenden, im Fett rundum anbräunen. Die Brühe und den Wein erhitzen und zu den Artischocken geben. Im offenen Topf 5 Minuten köcheln
lassen. Dann mit dem geriebenen Käse bestreuen, noch
einige Minuten erhitzen, bis der Käse zerlaufen ist. Währenddessen die Petersilie unter fließendem kalten Wasser
waschen, trockenschwenken und fein hacken. Über die
Artischocken streuen, die Edeldisteln in der Pfanne sofort
zu Weißbrot und kurzgebratenem oder gegrilltem Fleisch
servieren.

Artischocken auf Bäuerinnen-Art

Carciofini paesana

6 kleine Artischocken
(Konserve)
250 g Tiefkühl-Erbsen
4 EL Olivenöl
250 g frische oder
abgetropfte Dosen-
Tomaten

150 g roher Schinken
Salz
1 Zitrone
frischgemahlener
weißer Pfeffer
3 EL feingehackte
Petersilie

Die Artischocken gut abtropfen lassen. Zusammen mit den Erbsen in einem Topf im erhitzten Olivenöl einige Minuten durchschmoren. Frische Tomaten mit kochendem Wasser überbrühen, enthäuten, in Scheiben schneiden, Dosentomaten vierteln. Vorsichtig unterheben, miterhitzen. Den Schinken in Streifen schneiden und zum Gemüse geben. Alles noch 5 Minuten köcheln lassen, dann mit Salz, Zitronensaft, dem Pfeffer und der Petersilie abschmecken. Sofort vierteln. Schmeckt aber auch kalt gut.

Artischocken in Sahne

Carciofini alla panna

10 kleine Artischocken
(Konserve)
200 g Sahne
Salz

grobgeschroteter
weißer Pfeffer
1 naturreine Zitrone
1 Bund Petersilie

Die Artischocken im eigenen Saft erhitzen. Inzwischen die Sahne mit Salz, Pfeffer, Zitronensaft und wenig feinabgeriebener Zitronenschale einige Minuten durchkochen. Die Petersilie unter fließendem Wasser abbrausen, trockenschwenken, dann hacken. Die erhitzten Artischocken und die Petersilie in die Sahnesauce geben, eventuell nachsalzen.

Variation: Dieses Gericht kann auch noch mit geriebenem Parmesankäse bestreut und einige Minuten in der heißen Röhre überbacken werden.

Gefüllte Artischocken
Carciofini ripieni

Wenn Sie die Artischocken aus der Konserve quer halbieren, dann die innersten Blättchen herausnehmen, können Sie sie nach dem Rezept der *Verdure ripieni* füllen (S. 102 ff.).

Blumenkohl — Cavolfiore

Er kommt etwas seltener auf den Tisch als bei uns, überbrückt aber auch in der Toskana die frischgemüse-arme Zeit. Blumenkohl wird besonders sorgfältig vorbereitet. Man pflückt die kleinen Röschen ab und legt sie 30 Minuten in lauwarmes Salzwasser, damit wirklich alles Ungeziefer entfernt wird. Danach die Röschen in ein Sieb geben und mit fließendem Wasser sehr gründlich abbrausen. Sodann in leichtem Salzwasser nicht zu weich kochen. Die Röschen können in Eierkuchenteig gehüllt frittiert werden (s. Grundrezept S. 99 ff.). Die Stiele und der Strunk können in Brühe gekocht, passiert und als *Blumenkohl-Cremesuppe (Crema di Cavolfiore)* gereicht werden. Wir verwenden dort allerdings die ganzen Blumenkohlköpfe, die Suppe kann aber auch nur aus Stielen und Strünken gekocht werden. Sehr fein ist auch *Blumenkohl in Käsesauce (Cavolfiore in crema di formaggio)*. Bereiten Sie ihn nach dem Grundrezept für *Verdure in crema di formaggio* auf Seite 138.

Etwas Besonderes für die Winterzeit ist

Marinierter Blumenkohl
Cavolfiore marinate

Röschen von 1 mittelgroßem Kopf Blumenkohl	*frischgemahlener weißer Pfeffer*
4 EL feiner Weinessig	*Salz*
4 EL bestes Olivenöl	*4 Sardellenfilets*
½ Zwiebel	*4 Tomaten*

Die nach dem Rezept S. 115 vorbereiteten und gegarten Blumenkohlröschen in eine Schüssel geben. Den Essig über die noch warmen Röschen gießen und das Öl darübergeben. Die Zwiebel schälen, fein hacken, zufügen. Mit Salz und Pfeffer abschmecken und rund 2 Stunden Aroma ziehen lassen. Kurz vor dem Servieren die grobgehackten Sardellenfilets daruntermischen. Die Tomaten mit kochendem Wasser überbrühen, enthäuten, in Scheiben schneiden und vorsichtig unter den Salat heben.

Grüne Bohnen — Fagiolini

Auch wenn der Toskaner die (nach meiner Meinung überspitzte) Forderung der deutschen Feinschmecker nach nur bleistiftdicken Böhnchen nicht teilt: Sehr zart sollen sie sein! Und natürlich knackfrisch.

Frische Bohnen werden, um ihr Eigenaroma nicht zu überdecken, ganz *alla natura* zubereitet, ja, oft nur in leichtem Salzwasser gekocht und mit einem Hauch von Butter oder Öl übergossen serviert.

Appetitlich grün bleiben sie, wenn sie nach dem Abtropfen kurz in Eiswasser gelegt werden. Wie grüne Bohnen vorzubereiten sind, wissen Sie selbst: Bei den zarten jungen genügt es, die beiden Enden abzuschneiden, das Gemüse zu waschen, gut abtropfen zu lassen und die Bohnen eventuell zu halbieren.

Grüne Bohnen aus der Röhre
Fagiolini stufati

800 g junge frische grüne Bohnen	1 EL frischer oder 1 TL getrockneter Salbei
Salz	Pfeffer
2 EL Olivenöl	Zitronensaft

Die Bohnen vorbereiten. Wenig Salzwasser mit allen übrigen Zutaten vermischen, die Bohnen dazugeben. Im bedeckten Topf bei 200° rund 25 Minuten in die Röhre stellen.

Mein Tip: Ich koche sie vorsichtig auf dem Herd, das dauert je nach Alter und Größe nur zwischen 8 und 15 Minuten.

Variation: Die abgekühlten Bohnen mit Thunfisch-Stück-chen, gehackter Zwiebel und Sardellenfilets vermischen, eisgekühlt als überaus köstliche Vorspeise reichen.

Grüne Bohnen in Sahnesauce
Fagiolini alla crema

Kochen Sie dazu die Bohnen weich, geben Sie sie in ei-ne cremige Sauce aus Sahne, Salz, Pfeffer, Zitronensaft und etwas zwischen den Fingern zerriebenem Oregano oder Bohnenkraut.

Dicke Bohnen = Weiße Bohnen-Kerne
Fagioli

»Mangia fagioli« lautet der Scherzname für den Toskaner in Italien, Bohnen-Fresser also, wohl wegen des Spitzen-verbrauchs von Kernen der dicken Bohnen dort, der ab-soluten Vorliebe für Saubohnen, die man in Italien *fave* nennt.

Diese Kerne werden im Frühsommer zur Erntezeit der *fave* frisch, später getrocknet verwendet.

Kaufen Sie sie bei einem Besuch in der Toskana: Sie sind dort so frisch als möglich, stammen immer aus der letz-ten Ernte. Auch sind sie viel kleiner und damit zarter als die bei uns angebotenen.

Fagioli werden stets unter fließendem Wasser abge-braust, dann über Nacht ohne Zugabe von Salz in Was-ser eingeweicht und am Morgen in diesem Einweichwas-ser mit etwas Essig und passenden Kräutern, wie Petersi-lie, Salbei oder Oregano (bei uns empfehle ich Bohnen-kraut) weichgekocht. Das dauert zwei bis drei Stunden.

Die Hitze wird klein gehalten, der Topf geschlossen. Trotzdem muß man darauf achten, daß nichts anbrennt. Dieser Sud wird ganz oder teilweise weiterverwendet.
Für Fagioli gibt's in der Toskana eine Fülle von Rezepten, eines besser als das andere — und alles nachkochenswert. Wohl das älteste — und beste Rezept sind:

Bohnen in der Flasche
Fagioli nel fiasco

Man stellte die Flasche früher ins Kohlenbecken, das zum Heizen verwendet wurde; oder auf die laueste Stelle des Kohlenherds. Auch alte Backöfen eigneten sich gut für dieses Rezept. Weil das Nachkochen im Topf kein annähernd gleich gutes Ergebnis zeitigt, gibt es für uns nur zwei Möglichkeiten: Entweder füllen Sie die Zutaten wie nachfolgend angegeben in eine Chianti-Flasche und stellen diese im Wasserbad bei 150° in die Röhre. Oder Sie geben alles in einen (vorgewässerten) Tontopf. Den Rand mit einer dicklichen Mehl-Wassermischung bestreichen und den Deckel »aufkleben«. Bei 180° in der Röhre garen.
Doch nun zu unserem Rezept:

300 g getrocknete	*ca. 4 Knoblauchzehen*
weiße Bohnenkerne	*einige Salbeiblätter*
$\frac{1}{2}$ Tasse Olivenöl	*$\frac{1}{4}$—$\frac{1}{2}$ l kräftiger*
etwas Salz	*toskanischer Weiß-*
1 Peperoncino	*wein*

Die Bohnen über Nacht einweichen, dann in eine Chiantiflasche, deren Umhüllung entfernt wurde, füllen. Alle übrigen Zutaten dazugeben, wenn nötig, noch mit Wasser auffüllen. Wie oben beschrieben 3—5 Stunden garen. Dann in Suppenteller füllen, eventuell noch salzen und pfeffern. Mit etwas bestem Olivenöl begießen.

Gerne reicht man weiße Bohnen (vorgekocht) auch in Käse-Sahne-Sauce (siehe Grundrezept auf Seite 138). Eines der meistverwendeten Rezepte sind

Dicke Bohnen nach Florentiner Art
Fagioli alla fiorentina

300 g getrocknete weiße	*3 EL Olivenöl*
Bohnenkerne	*100 g kräftige Schweins-*
1 Lauchstange	*wurst*
350 g frische oder	*Salbei*
Dosen-Tomaten	*Salz*
2 Knoblauchzehen	*frischgemahlener Pfeffer*

Die Bohnen wie oben angegeben einweichen und weich kochen. Abtropfen lassen und noch 2 Tassen des Suds weiter mitverwenden. Den Lauch vorbereiten, in Ringe schneiden und auf einem Sieb unter fließendem Wasser gut waschen. Die frischen Tomaten vom Stielansatz befreien, kreuzweise einschneiden, mit kochendem Wasser überbrühen, enthäuten und vierteln. Dosentomaten abtropfen lassen, halbieren, später 1 Tasse des Safts mitverwenden. Den Knoblauch schälen. Das Öl in einem Topf erhitzen und Lauch, Tomaten und Knoblauch dazugeben. Dann die Bohnen mit 2 Tassen des Suds einrühren. Die Wurst enthäuten, in Scheiben schneiden, dazugeben. Das Gericht mit Salz, Pfeffer und Salbei würzen und alles zusammen bei kleiner Hitze noch 15 Minuten schmoren.

Mein Tip: Wenn Sie Knoblauch pressen wollen und dazu eine gute Spezialpresse haben, erübrigt sich die zeitraubende und unangenehme Arbeit, den Knoblauch vorher zu schälen.

Variationen alla toscana: Über das fertige Gericht kann auch kleingeschnittener Bleichsellerie oder Petersilie gestreut werden.
Sie können die Wurst durch in feine Streifen geschnittenen rohen Schinken ersetzen.
Wenn ein Lorbeerblatt oder ein Peperoncino mitgekocht wird, bekommen die Bohnen einen interessanten Geschmack.
Köstliche Säure bekommt das Gericht, wenn Sie rund 30 Minuten vor Garzeitende ¼ l weißen Landwein dazugießen.
Auch mehr Knoblauch tut den Bohnen geschmacklich immer gut!
Und noch ein Tip: Die Tomaten können auch durch Tomatenmark ersetzt werden.

Dicke Bohnen aus dem Ofen
Fagioli al forno

300 g weiße Bohnenkerne
300 g geräucherter
Schweinebauch, in
4 Scheiben geschnitten
2 Zwiebeln
2 Knoblauchzehen
2 EL Olivenöl

300 g frische oder
Dosen-Tomaten
1 Prise Salbei
$\frac{1}{2}$ Bund Petersilie
Salz
Pfeffer

Die Bohnen einweichen, danach jedoch nur 1 Stunde
kochen. Den Schweinebauch eventuell noch in Würfel
schneiden. Die Zwiebeln und den Knoblauch schälen
und fein hacken. Das Olivenöl in einem Topf erhitzen,
Zwiebeln, Knoblauch und das Fleisch darin unter Umrühren kurz anrösten. Dann die Bohnen mit der Flüssigkeit dazugeben. Durchkochen lassen und die Röhre auf
180° vorheizen. Inzwischen die frischen Tomaten vom
Stielansatz befreien, kreuzweise einschneiden, mit kochendem Wasser überbrühen, enthäuten und vierteln.
Die Dosentomaten abtropfen lassen und halbieren. In
den Bohnentopf geben. Zuletzt den Salbei und die unter
fließendem kalten Wasser abgebrauste, trockengeschwenkte und feingehackte Petersilie einrühren. In einem gut schließenden Gefäß noch 2 Stunden in der
Röhre schmoren. Danach mit Salz und Pfeffer pikant abschmecken.

Dicke Bohnen mit Thunfisch
Fagioli tonnati

300 g weiße Bohnenkerne	*1 große Zwiebel*
1 Dose Thunfisch	*Salz*
in Öl (ca. 200 g)	*grobgeschroteter*
1 EL frisches oder	*schwarzer Pfeffer*
1 TL getrocknetes,	*2 EL Weinessig*
zerkleinertes Basilikum	*3 EL Olivenöl*

Die Bohnen nach dem Grundrezept S. 118 einweichen, weich kochen. Dann auf einem Sieb abtropfen lassen, mit kaltem Wasser überbrausen und in eine Schüssel geben. Auch den Thunfisch auf ein Sieb geben, überbrausen und gut abtropfen lassen, dann zerpflücken und mit den Bohnen mischen. Mit Salz, Pfeffer, Basilikum, der geschälten und geriebenen Zwiebel sowie dem Essig würzen. Mit dem Öl beträufeln, erkalten lassen und erst nach rund 2 Stunden sehr gut gekühlt servieren.

Broccoli

Sein ganz großes Plus: Er läßt sich tiefgekühlt ohne Qualitätseinbuße, also das ganze Jahr über gleichbleibend gut verwenden. Ein kleiner Nachteil: Sein Eigengeschmack ist sehr dezent. Wer ihn wirklich genießen will, sollte ihn deshalb entweder mit kräftigen Beilagen, wie Schweinefleisch, servieren, oder sehr gut würzen.
Achten Sie bitte darauf, daß Broccoli nie zu weich gekocht werden darf. Er muß unbedingt den berühmten »Biß« haben. »Al dente« gelingt er frisch in rund 20 Mi-

nuten. Gefroren wird er unaufgetaut ins heiße Wasser
gegeben und braucht dann 15 Minuten.

Broccoli auf Toskana-Art
Broccoli toscani

600 g Broccoli-Röschen　　*¹/₂ Zitrone*
Salz　　　　　　　　　　*geriebene Muskat-*
2 Knoblauchzehen　　　　*nuß*
3 EL Olivenöl　　　　　　*2 EL Nüsse,*
frischgemahlener　　　　*grobgemahlen*
weißer Pfeffer

Den Broccoli, wie oben beschrieben, nicht zu weich kochen. Inzwischen den Knoblauch schälen, fein hacken.
In einer Pfanne das Öl erhitzen, den Knoblauch darin
leicht Farbe nehmen lassen. Den Broccoli zum Abtropfen auf ein Sieb geben, sofort mit dem angebratenen
Knoblauch und dem Öl beträufeln. Mit Salz, Pfeffer, dem
Zitronensaft und Muskat würzen und 5 Minuten Aroma
ziehen lassen. Kurz vor dem Servieren mit den (eventuell
in der Pfanne leicht angerösteten) Nüssen bestreuen.

Mein Tip: Der Broccoli kann auch kalt als Vorspeise oder
als Beilage serviert werden. Der Knoblauch wird dann
nicht angebraten, sondern roh über den Salat gestreut,
das Öl kalt darübergegossen.
Sie können Broccoli auch fritiert als *broccoli fritto* nach
dem Grundrezept für *verdure fritte (Fritiertes Gemüse)*
auf S. 98 ff. reichen.
Auch in einer Käse-Sahne-Sauce (siehe Grundrezept auf
S. 138) ist Broccoli vorzüglich. Achten Sie aber bitte darauf, daß die Sauce sehr pikant abgeschmeckt werden
muß.

Broccoli in Wein
Broccoli al vino

600 g Broccoli-röschen	1/4 l weißer toskanischer Landwein
3 EL Olivenöl	Salz
3 Knoblauchzehen	weißer Pfeffer

Die Broccoliröschen abtropfen lassen. Das Öl erhitzen und den geschälten, gepreßten Knoblauch darin anschmoren. Mit dem Wein aufgießen, salzen und pfeffern. Die Broccoliröschen dazugeben und im offenen Topf, während der Weinsud weitgehend verdampft, noch 3 Minuten miterhitzen.

Variation: Geben Sie während dieser letzten Minute mit kochendem Wasser überbrühte, enthäutete und geviertelte vollreife Tomaten dazu. Oder gut abgetropfte, geviertelte Dosentomaten.

Mein Tip: Wenn Sie bei Broccoli-Gerichten Käse verwenden wollen (auch das paßt!), bitte sehr vorsichtig abschmecken, damit der kräftige Käsegeschmack nicht das sehr dezente Broccoli-Aroma überdeckt.
Zum Würzen eignen sich stets eine Spur geriebener Muskatnuß und sehr feingehackte Petersilie.

Erbsen — Piselli

Daß Erbsen nur dann wirklich fein sind, wenn man sie noch ganz jung verwendet, wissen alle Feinschmecker. Bezeichnend für die Küche dieser Region ist, daß man in ganz Italien die sehr kleinen Erbsen *pisellini toscani* nennt.

Erbsen sind eines der wenigen Gemüse, wo man in die Tiefkühltruhe zu Industrie-Produkten greifen sollte, denn selbst in der Großstadt und in den Haupterntemonaten werden Erbsen kaum je so zart und frisch angeboten, wie sie in den Erntegebieten eingefroren werden. Verwenden Sie deshalb, wenn nicht gerade in Ihrem Garten im Frühsommer Erbschen reifen, TK-Produkte! Sie werden stets unaufgetaut verwendet. Ich brause sie kurz mit kaltem Wasser ab, sie lösen sich dann besser voneinander und garen dadurch gleichmäßiger.

Das feinste Rezept gleicht den bei uns gebräuchlichen und weicht nur in der Kräuterwürze etwas ab:

Erbschen in Butter
Pisellini al burro

¼ l leichte Würfelbrühe	600 g TK-Erbschen
40 g Butter	1 EL frischer
Salz	oder 1 TL getrockneter
½ TL Zucker	Salbei
frischgemahlener	
weißer Pfeffer	

Die Brühe erhitzen, mit Butter, Salz, Zucker und Pfeffer würzen. Die jungen Erbsen nach Anleitung auf der Pakkung unter Zugabe von Salbei darin garen. Noch kurz im offenen Topf bei kleiner Hitze Flüssigkeit verdunsten lassen.

Mein Tip: Als Gewürz für Erbsen liebe ich Estragon besonders. Ersetzen Sie ab und zu den Salbei durch ihn, das bringt ganz neue Geschmacks-Akzente.

Variation: Sie können die Erbschen auch ohne Butter nur in der gewürzten Brühe garen und später abgetropft in heißer Butter schwenken.

Erbschen auf Toskana-Art
Pisellini toscani

1 Zwiebel	*Salz*
(noch besser:	*½ TL Zucker*
1 Frühlingszwiebel)	*¼ Peperoncino*
3 EL Olivenöl	*1 Tasse Weißwein*
600 g junge TK-Erbsen	

Die Zwiebel schälen und fein hacken. Bei der Frühlingszwiebel wird auch das Grüne mitverwendet. Im erhitzten Olivenöl in einem Topf anschmoren, dann die Erbsen dazugeben. Mit Salz und Zucker bestreuen. Den Peperoncino untermischen, mit dem Wein aufgießen und die Erbsen 5—10 Minuten dünsten.

Erbschen mit Schinken
Pisellini con prosciutto

600 g TK-Erbsen	3 EL Olivenöl
150 g magerer roher	2 Tassen kräftige
Schinken	Würfelbrühe
1—2 Knoblauchzehen	Salz
1 Zwiebel	frischgemahlener
¼ Bund Petersilie	weißer Pfeffer

Die Erbsen in leichtem Salzwasser 5 Minuten vorgaren.
Inzwischen den Schinken in Streifchen schneiden. Den
Knoblauch und die Zwiebel schälen, hacken. Die Petersilie unter fließendem Wasser abbrausen, trockenschwenken und fein schneiden. Das Öl in einem Topf erhitzen.
Knoblauch, Zwiebel und Schinken darin kurz anschmoren. Dann die gut abgetropften Erbsen dazugeben. Mit
der Brühe aufgießen, durchrühren. Im offenen Topf noch
5 Minuten köcheln lassen und mit Petersilie, Salz und
Pfeffer pikant abschmecken.
Zu Eierspeisen reichen.

Variationen: Wer es mag, kann auch in den letzten Minuten ein verquirltes Ei darunterrühren. Oder den Gemüsesaft mit 2 EL Sahne sämig machen.

Mein Tip: Unserem Geschmack entspricht es mehr, statt
des Öls Butter zu verwenden.
Milder schmeckt das Gemüse, wenn Sie den Schinken
nicht mit anbraten, sondern erst kurz vor dem Servieren
untermischen. Sie können auch gekochten Schinken verwenden.
Herzhafter werden die Erbsen, wenn Sie den edlen,
mageren Rohschinken durch fetten geräucherten Speck,
in sehr feine Streifchen geschnitten und gut gebräunt, ersetzen.

Fenchel — Finocchio

Die würzige Fenchelknolle ist bei uns bis in die jüngste Zeit in der Küche noch nicht recht heimisch geworden. Nur Kenner von nicht Alltäglichem schätzen sie — und vor allem Italien-Fans.

Denn der Romane liebt den Fenchel, seines Geschmacks und nicht zuletzt auch seiner verdauungsfördernden Wirkung wegen. Denken Sie an den heilsamen Fenchel-Tee bei Magen-Darmverstimmungen bei Säuglingen!

Bei uns ist Fenchel sehr im Kommen. Man mischt ihn bereits in »bunte« Salate. Er wird deshalb erfreulicherweise zunehmend in guten Gemüsegeschäften angeboten.

Folgendermaßen wird Fenchel vorbereitet: Alle Schnittstellen am Ansatz und an den Stengeln nachschneiden. Harte, bräunliche und welke Stellen müssen großzügig ausgeschnitten werden. Auch das Fenchelkraut wird abgeschnitten. Zartes Grün sollten Sie jedoch aufbewahren und später als Würze verwenden: Der Geschmack wird intensiviert und Sie »tanken« zusätzlich Vitamine und Mineralstoffe, wenn Sie über das fertige Gericht kleingeschnittene Fenchelblätter streuen.

Es gibt übrigens auch Salaten und Suppen Frische und Aroma.

Die Knolle wird unter fließendem Wasser gründlich gewaschen und dabei mit den Händen auseinandergedrückt, damit auch dazwischensitzender Schmutz zuverlässig ausgespült wird. Danach die je nach Rezept ganz gelassene oder zerteilte Knolle in reichlich Salzwasser »mit Biß« kochen. Das dauert gut 30 Minuten. Dann nach Rezept weiterverwenden.

Köstlich ist fritierter Fenchel. Bereiten Sie ihn nach dem Grundrezept für fritiertes Gemüse auf Seite 98 ff.

Sie können Fenchel auch füllen. Dazu halbiert man die

vorgekochten Knollen und füllt sie nach dem Grundrezept für gefülltes Gemüse (s. S. 102 ff.) mit einer der dort angegebenen Farcen.

Die einfachste und zugleich beste, weil naturnahste Zubereitung ist folgende:

Fenchel mit Käse
Finocchio alla parmigiana

4 Fenchel- knollen Salz 80 g Butter	50 g geriebener Parmesankäse frischgemahlener weißer Pfeffer

Die Fenchelknollen wie auf S. 129 beschrieben vorbereiten und in wenig Salzwasser kochen. Inzwischen die Butter erhitzen und mit dem geriebenen Käse zu einer glatten Masse verrühren, mit Pfeffer schärfen und leicht salzen. Den gekochten Fenchel abtropfen lassen, auf eine vorgewärmte Platte legen, mit der Butter-Käse-Sauce übergießen und sofort servieren.

Mein Tip: Weich und »rund« wird die Sauce, wenn Sie anstelle des Parmesankäses 100—125 g Mozzarella, in Flöckchen zerteilt, einrühren.
Eine besonders interessante Geschmackskombination ergibt die Verwendung von 100 g Mozzarella und 2 EL geriebenem Parmesan.

Variation: Sie können die Fenchelhälften auch in eine feuerfeste Form legen, mit der Käsesauce begießen und mit reichlich Fenchelgrün bestreuen. Bei 200° in der Röhre 5 Minuten überbacken!

Kartoffeln — Patate

Kartoffeln zählen, anders als bei uns, in der Toskana zu den Gemüsen. Sie sollten sich deshalb von deutschen Vorstellungen freimachen, wenn man Ihnen dort Kartoffeln serviert.

Grundsätzlich werden keine mehligen Sorten verwendet, sondern immer festkochende.

Man kann sie in der Schale kochen, in Würfel schneiden, in Eierkuchenteig wenden und fritieren (s. Grundrezept für *Fritiertes Gemüse* auf S. 98 ff.).

Gefüllte Kartoffeln sind auch bei uns nicht unbekannt. Füllen Sie sie doch einmal nach dem Grundrezept für *Gefülltes Gemüse* mit einer der aparten toskanischen Farcen von S. 102 ff.

Kartoffeln schmecken aber auch, in Sahne-Käse-Creme gereicht, vorzüglich (siehe Grundrezept unter *Gefüllte Zucchini* auf S. 162).

Auch Kartoffelsalat ist in der Toscana beliebt. Er wird mit dem vorzüglichen Oliven-Jungfernöl und bestem Weinessig angemacht und mit Kapern und feingeschnittenen Sardellen aromatisiert.

Ganz anders als bei uns (und, wie ich meinen möchte, nicht in ihrer besten Form) präsentieren sich

Geröstete Kartoffeln
Patate arroste

600 g kleine Kartoffeln   *Salz*
2 EL Olivenöl   *Pfeffer*
2 EL Butter

Die Kartoffeln gut waschen, mit der Schale rund 10 Minuten kochen. Sie dürfen noch nicht ganz weich sein. Mit kaltem Wasser überbrausen und schälen. In einer großen Pfanne das Öl mit der Butter erhitzen und die Kartoffeln darin im Ganzen ca. 20 Minuten braten, dabei öfter durchschütteln. Wenn sie rundum gebräunt sind, mit Salz und Pfeffer bestreuen, sofort servieren. Sie sind nun mit einer leider etwas zähen Kruste überzogen.
Oft gießt man in der Toscana während der letzten 5 Minuten noch ein Glas Weißwein dazu, was meiner Meinung nach das Gericht keinesfalls verbessert.
Übrigens: Kartoffelpüree wird in der Toscana mit geriebenem Parmesankäse gewürzt.

Ungewohnt, doch köstlich sind

Kartoffeln nach Hausfrauen-Art
Patate alla casalinga

600 g Kartoffeln   *1 Zitrone*
50 g Butter   *¹/₂ Bund Peter-*
Salz   *silie*
Pfeffer   *100 g Sahne*

Die Kartoffeln gut waschen, in der Schale kochen. Dann mit kaltem Wasser abschrecken, schälen und in zentimeterdicke Scheiben schneiden. Die Butter in einem Topf erhitzen, die Kartoffelscheiben darin schwenken. Mit Salz und Pfeffer bestreuen, mit Zitronensaft säuern. Mit der feingehackten Petersilie vermischen. Zuletzt die Sahne darübergießen und kurz miterhitzen.

Kartoffel-Nockerln, überbacken
Gnocchi di patate al forno

600 g Kartoffeln	125 g geriebener
200 g Mehl	Parmesankäse
Salz	150 g Mozzarella
frischgemahlener	1 Eigelb
weißer Pfeffer	50 g Butter

Die Kartoffeln gut waschen und in der Schale kochen. Mit kaltem Wasser überbrausen, schälen und durch die Kartoffelpresse auf die bemehlte Arbeitsplatte drücken. Etwas abkühlen lassen, dann das restliche Mehl, Salz, Pfeffer, 50 g Parmesan und den kleingewürfelten Mozzarella, das Eigelb und 1 EL Butter dazukneten. Fingerdicke, fingerlange Nockerln formen und in reichlich kochendes Salzwasser geben, köcheln lassen, bis sie an die Oberfläche kommen. Dann mit dem Schaumlöffel herausheben, nebeneinander in eine flache, gefettete, feuerfeste Form legen. Mit dem restlichen Parmesan und Butterflöckchen bestreuen, bei 200° in der vorgeheizten Röhre 10 Minuten überbacken.

Kopfsalat — Lattughe

Wie in Frankreich, reicht man den grünen, frischknacki-
gen Salatkopf nicht nur in Essig und Öl mariniert zum
Roh-Essen, sondern kocht ihn auch. Das schmeckt gut
und ist zumindestens in den Monaten, in denen Kopfsalat auch bei uns um Pfennige zu haben ist, unbedingt einen Nachkoch-Versuch wert. Denn hier werden nur die
hellen Blätter, im weiteren Sinn also die Salatherzen, verwendet. Diese Salatherzen werden immer der Länge
nach halbiert und blanchiert, ehe Sie sie weiterverwenden können.

Besonders wichtig ist sorgfältiges Blanchieren, wenn der
Salat aus Freilandkulturen stammt. Drücken Sie dann unter fließendem Wasser die Blätter gut auseinander, damit
auch wirklich aller Schmutz und alles Ungeziefer ausgespült werden.

Sie können die blanchierten Salatherzen dann in Eierku-
chenteig wenden und ausbacken (siehe Grundrezept auf
S. 98 ff.). Auch kann man aus den halbierten, blanchierten
Salatherzen die inneren Blätter herausnehmen, der Salat
läßt sich dann füllen. Die genaue Anleitung und viele
Farcen finden Sie ab S. 102 ff.).

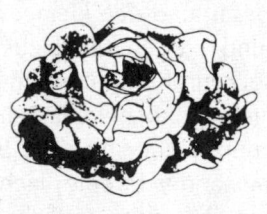

Ein einfaches, das Eigenaroma sehr schonendes Rezept ist folgendes:

Gedünsteter Salat
Lattughe cotte

4 Salatherzen
Salz
grobgeschroteter
schwarzer Pfeffer
feiner Weinessig

3 EL bestes Olivenöl
4 EL im Ganzen gelassene
Walnüsse
2 Knoblauchzehen

Die gewaschenen Salatherzen der Länge nach halbieren und in leichtem Salzwasser 2—3 Minuten kochen, dann abtropfen lassen. In eine Schüssel legen und mit Pfeffer bestreuen. Den Essig und das Öl verrühren, darübergießen. Den Salat rund 1 Stunde Aroma ziehen lassen. Dann die Nüsse unter ständigem Rühren zusammen mit dem gepreßten Knoblauch in der Pfanne erhitzen und kurz vor dem Servieren über die Salatportionen streuen.

Lauch — Porri

Der anspruchsvolle Toskaner schätzt beim Lauch nur die ganz hellen Teile oder ganz junge Lauchstangen. Auf jeden Fall wird Lauch vor der Verwendung blanchiert.
Sie können ihn danach in einer Käse-Sahne-Sauce nach dem Grundrezept auf S. 138 reichen.
Gut schmeckt er auch, wenn er wie Erbsen mit Schinken geschmort wird (s. Rezept auf S. 128).

Sehr rein im Aroma ist

Lauch in Sahnesauce
Porri alla panna

1000 g Lauch	frischgemahlener
Salz	weißer Pfeffer
¼ Peperoncino	1 Prise geriebene
1 EL Essig	Muskatnuß
200 g Sahne	½ Bund Peter-
1 große Zwiebel	silie
1 Zitrone	

Den Lauch von allen grünen Teilen befreien. Die weißen
Stangen in ca. 15 cm lange Stücke schneiden und halbieren. Sehr gut waschen, dabei die einzelnen Schichten
auseinanderdrücken, damit der dazwischensitzende
Schmutz vollständig herausgespült wird. Die Stangen in
wenig kochendes Salzwasser legen und mit dem Pfeffer-
schoten-Stückchen und dem Essig 10 Minuten garen. Inzwischen in einem anderen Topf die Sahne erhitzen. Die
Zwiebel schälen und fein reiben. Die Zitrone auspressen,
den Saft und die Zwiebel unter die Sahne rühren. Mit
Pfeffer, Muskat und Salz würzen, zuletzt den abgetropften Salat und die Petersilie unterheben. Sofort servieren.

Linsen — Lenticchie

Sie werden gerne in den Monaten gereicht, in denen
Frischgemüse knapp ist. Sie können nach allen Rezepten
für weiße Bohnen (Fagioli, siehe S. 118 ff.) zubereitet wer-

den. Am liebsten ißt man sie in der Toskana mariniert und mit Freiland-Tomaten vermischt, wenn diese noch zu haben sind.

Der Toskaner sieht auch bei Trockengemüse auf relative Frische. So werden im Herbst an vielen Orten Bohnen und Linsen mit dem Vermerk »aus neuer Ernte« angeboten. Mein Rat: Mit nach Hause nehmen! So frische Trockenkerne schmecken viel besser als die bei uns oft überlagert verkauften. Linsen werden immer über Nacht eingeweicht und dann ohne Salz im Einweichwasser gekocht. Ein Zweig Bohnenkraut und mindestens eine Knoblauchzehe werden mitgegart.

Ob Sie die Linsen kalt als Salat oder heiß als Gemüsebeilage servieren: Ein guter Schuß Säure gehört daran. Sie können dafür trockenen toskanischen Wein oder auch (besten) Essig verwenden.

Mein Tip: Garen Sie doch einmal dicke Bohnenkerne und Linsen extra und mischen Sie die gut abgetropften Trockenkerne. Zusammen marinieren und servieren.

Möhren — Carotte

Sie sollen so jung und klein wie nur irgend möglich sein, sehr großzügig geschält werden (in der Toskana macht man das mit dem Kartoffelschäler) und nach dem Garen unbedingt noch den berühmten »Biß« haben.

Möhren haben nur sehr dezentes Eigenaroma, deshalb werden sie in Italien bevorzugt folgendermaßen zubereitet:

Möhren in Käsecreme
Carotte in crema di formaggio

800 g Möhren	1 Eigelb
Salz	50 g geriebener
½ TL Zucker	Parmesankäse
½ Zitrone	100 g Mozzarella
1 Prise Pfefferminztee	Salz
100 g Sahne	frischgemahlener
50 g Butter	weißer Pfeffer

Die Möhren waschen, schälen und in nicht zu dünne Scheiben schneiden. In wenig Salzwasser mit Zucker, Zitronensaft und Pfefferminze nicht zu weich kochen (Garzeit richtet sich nach der Größe der Stücke und dem Alter der Möhren). Dann abtropfen lassen. Eine Tasse des durchgesiebten Suds mit der Sahne, der kleingeschnittenen Butter, dem Eigelb, dem Parmesan und dem in Würfelchen zerteilten Mozzarella unter ständigem Rühren bei schwacher Hitze zu einer dicklichen Sauce kochen. Mit Salz und Pfeffer kräftig abschmecken. Die Möhren dazugeben und noch rund 20 Minuten bei 180° in die Röhre stellen.

Mein Tip: Wer es weniger fett liebt, ersetzt die Sahne durch Milch. Diese muß jedoch, damit die Sauce sämig wird, mit Mehl gebunden werden.

Variation: Das Gericht bekommt eine Kruste, wenn der Parmesan nicht in die Sauce gegeben, sondern mit 4 EL Semmelbröseln vermischt, über das in eine feuerfeste Form gegebene Gemüse gestreut wird. Mit Butterflöckchen besetzen und überbacken.
Außerdem kann auch noch ein Ei in die Sauce gerührt und/oder die Minze durch Petersilie ersetzt werden.

Köstlich und apart ist folgende Zubereitungsart:

Möhren in Vin Santo
Carotte all'vin santo

800 g Möhren	1 EL gehackte
Salz	Petersilie
½ TL Zucker	1 Tasse Vin
½ Zitrone	Santo

Die Möhren waschen, schälen, in Scheiben schneiden. In wenig Salzwasser mit dem Zucker, Zitronensaft und der Petersilie weich kochen. Dann abgießen, mit dem Vin Santo begießen und bei kleiner Hitze ohne Deckel noch so lange erwärmen, bis der Wein gerade eben eingekocht ist. Den Fond sorgfältig aus dem Topf nehmen und über die delikaten Möhren geben.

Paprikaschoten — Peperoni

Peperoni, die großen Gemüsepaprikaschoten, wie auch die winzigen, höllenscharfen Peperoncini, die nur als Würze verwendet werden, machen in den Monaten ihrer Ernte toscanische Marktstände zu einem farbenprächtigen Anblick. Denn die Toskanerin verwendet sehr gezielt den milden, aromatischen roten, den »normalen« grünen und den beinahe süßen gelben Paprika. Sie schärft viel lieber mit frischen oder auch getrockneten Pfefferschötchen, den Peperoncini, als mit gemahlenem Pfeffer. Das allerdings muß schon während des Kochens geschehen. Dabei wird der Garflüssigkeit dann ein Pfefferschötchen, öfter noch nur ein Stückchen davon, beigegeben. Peperoni werden wie bei uns vorbereitet, also gut gewaschen, dann wird der Stielansatz abgeschnitten und das Kerngehäuse mit allen Kernen entfernt, die Schote wird auch innen unter fließendem Wasser ausgespült, dann läßt man sie umgedreht gut abtropfen. In ganz Italien wird Paprika immer in Salzwasser blanchiert und sehr oft auch noch enthäutet. Das Abziehen der Haut geschieht erst nach dem Blanchieren und ist auch dann noch mühsam und zeitraubend, macht aber das Gericht viel feiner.

Paprika eignet sich besonders gut zum Füllen. In der Toskana wird die Schote dafür quer halbiert und nicht zu sehr mit Farce vollgepackt. So wird sie dann schneller und besser weich.

Unser Grundrezept für *Gefülltes Gemüse* auf S. 102 ff. gibt Ihnen Anregungen dafür. Zum Füllen von Paprikaschoten besonders geeignet ist die Farce nach Sieneser oder Arezzo-Art.

Streifen von blanchierten Peperoni können auch in Pfannkuchenteig gewendet und fritiert werden (siehe Grundrezept *fritiertes Gemüse* auf S. 98 ff.). Hier nun noch einige spezielle Rezepte:

Marinierter gerösteter Paprika
Peperoni marinati arrosti

800 g Paprikaschoten
(am besten grüne,
rote und gelbe
gemischt)
3 Knoblauchzehen
Salz
1 EL frischer oder

1 TL getrockneter
zerkleinerter Oregano
3 EL gehackte
Petersilie
$\frac{1}{2}$ Tasse Weinessig
$\frac{1}{2}$ Tasse Olivenöl

Die Paprikaschoten wie auf S. 140 angegeben vorbereiten, ca. 1 TL Kerne zurückbehalten. Die Schoten halbieren, dann nebeneinander mit der Haut nach unten auf das Backblech legen. In dem auf 200° (Gas Stufe 3) vorgeheizten Ofen rund 30 Minuten backen, dann wenden und weitere 15 Minuten in der Röhre lassen. Herausnehmen und mit kaltem Wasser besprengen. Der Paprika läßt sich nun leicht schälen. Jedes Teil vierteln und in eine Schüssel legen, die zurückbehaltenen Kerne darüberstreuen. Aus gepreßtem Knoblauch, Salz, Oregano, Petersilie, Essig und Öl eine pikante Sauce rühren, über den Paprika gießen und über Nacht marinieren.

Mein Tip: Der Paprika nimmt bereits in 3—4 Stunden Aroma an, wenn Sie jede Gemüseschicht mit Marinade beträufeln.

Paprika mit Ei
Peperoni con le uova

500 g grüne Paprika-	*Salz*
schoten	*frischgemahlener*
½ Tasse Öl	*weißer Pfeffer*
3 Knoblauchzehen	*3 EL geriebener*
300 g Tomaten	*Parmesankäse*
3 Eier	

Die Paprikaschoten vorbereiten und in Streifen schneiden. Das Öl in einem nicht zu kleinen Topf erhitzen und den geschälten, gestiftelten Knoblauch darin leicht anschmoren. Dann den Paprika dazugeben, 20 Minuten dünsten, dabei öfter etwas Salzwasser dazugießen. Es soll nur so viel Flüssigkeit im Topf sein, daß das Gemüse nicht anliegt. Inzwischen die Tomaten mit kochendem Wasser überbrühen, schälen, vierteln. Dazugeben. Alles zusammen noch 10 Minuten schmoren. Die Eier verquirlen, mit Salz und Pfeffer würzen, mit dem Käse vermischen. Über das fertige Gemüse gießen und stocken, aber keinesfalls trocken werden lassen.

Mariniertes Paprika-Mischgemüse
Peperonata

Ideal auf der Antipasto-Platte! Schmeckt aber auch heiß als Beilage zu Fleisch oder Fisch gut.

200 g Zwiebeln	*Salz*
200 g Paprikaschoten	*frischgemahlener*
200 g Tomaten	*weißer Pfeffer*
2 EL Olivenöl	*Weinessig*

Die Zwiebeln schälen, in dicke Scheiben schneiden. Den Paprika vorbereiten, in Ringe zerteilen. Die Tomaten mit kochendem Wasser überbrausen, enthäuten, vierteln. 1 EL Öl erhitzen, das Gemüse mit wenig Salz und Pfeffer bestreuen und bei kleiner Hitze unter öfterem Umrühren 15 Minuten schmoren. Die Flüssigkeit soll verdunstet sein; eventuell bei stärkerer Hitze, ebenfalls unter vorsichtigem Rühren weiterschmoren, bis dies erreicht ist. Das noch heiße Gemüse in eine Schüssel füllen, mit Salz und Pfeffer nachschmecken, nach Wunsch mit Essig säuern. Mindestens 2 Stunden durchziehen lassen und bis zum Servieren kalt stellen.

Mein Tip: Je nach Wunsch kann man auch mehr oder weniger Knoblauch mitschmoren.
In der heißen Röhre gart das Gemüse ohne daß es anbrennt. Sie müssen dann aber mindestens 25 Minuten Garzeit rechnen.

Pilze — Funghi

Noch gedeihen in den wunderschönen Wäldern mit Steineichen, Edelkastanien und Akazien, aber auch in den wildwuchernden, kräuterduftenden halbhohen Gebüsch-Waldungen, in der Mocchia, reichlich Pilze. Hier kann man die bei uns so seltenen, überaus wohlschmeckenden Steinpilze finden, mehr noch aber alle anderen, auch bei uns heimischen Waldpilze. Selbst Champignons werden gerne gegessen, wenn andere, kräftiger schmeckende Sorten nicht zu haben oder zu teuer sind.
Jedes unserer Rezepte können Sie mit allen Pilzsorten bereiten, sie können auch bunt gemischt sein.

Pilze mit Ei
Funghi con le uova

600 g Pilze	½ Zitrone
4 EL bestes Olivenöl	Salz
2 Knoblauchzehen	frischgemahlener
je 1 TL frischer oder	weißer Pfeffer
1 Prise getrockneter	3 Eier
Rosmarin und Salbei	
1 kleines Döschen	
Tomatenmark	

Die Pilze vorbereiten, gut waschen und sorgfältig abtropfen lassen. Das Öl in einem Topf erhitzen, die Pilze und die geschälten, gehackten Knoblauchzehen dazugeben. Mit den Kräutern bestreuen und im geschlossenen Topf 5 Minuten dünsten. Inzwischen das Tomatenmark mit 4 EL Wasser und dem ausgepreßten Zitronensaft verrühren, salzen, pfeffern, dazugießen und weitere 5 Minuten

schmoren. Die Eier verquirlen, salzen, pfeffern und darübergießen. Bei kleiner Hitze eben nur stocken lassen.

Pilze nach Lucca-Art
Funghi alla lucchese

500 g Pilze	Salz
2 EL Öl	½ Tasse Wein-
300 g Tomaten	essig
1 Knoblauchzehe	4 Sardellenfilets

Die Pilze vorbereiten, in Scheibchen schneiden, gut abtropfen lassen und im erhitzten Öl 5 Minuten anschmoren. Inzwischen die Tomaten mit kochendem Wasser
überbrühen, enthäuten und in Scheiben schneiden. Abwechselnd mit den Pilzen in eine Schüssel schichten.
Den Knoblauch schälen, fein hacken, darüberstreuen.
Sehr vorsichtig salzen. Mit dem Essig begießen, zuletzt
die kleingeschnittenen Sardellenfilets darübergeben. Wer
es mag, darf auch noch gutes Olivenöl über den fertigen
Salat träufeln. Er muß rund eine Stunde durchziehen und
sehr kalt serviert werden.

Mein Tip: Schmoren Sie doch einmal Pilze und Tomaten
zu gleichen Teilen, benutzen Sie als ganz besondere
Würze gehackte Sardellen. Diese Abwandlung des Rezepts aus Lucca, besonders gut zum Warmessen geeignet, liebe ich besonders.

Pilze in Chianti
Funghi al Chianti

600 g beliebige	1/4 l toskanischer
Pilze	Weißwein
1 kleine Zwiebel	Salz
2 EL Olivenöl	1/2 Bund Petersilie

Die Pilze vorbereiten, zerkleinern und abtropfen lassen.
Inzwischen die Zwiebel schälen, hacken und im erhitzten Öl anschmoren. Die Pilze dazugeben. Mit dem Wein
aufgießen, salzen, die gehackte Petersilie unterheben.
Das Gericht im offenen Topf bei kleiner Hitze ca. 15 Minuten köcheln lassen. Die Flüssigkeit soll dann bis auf einen kleinen, würzigen Rest verdunstet sein.

Pilze in Sahnesauce
Funghi alla panna

600 g Pilze	1 Prise getrocknete
1 kleine Zwiebel	Pfefferminze
4 EL Olivenöl	(Tee!)
1/2 Tasse toskanischer	1/4 Bund Peter-
Weißwein	silie
1 EL frischer oder	Salz
1 TL getrockneter	200 g Sahne
Estragon	4 Sardellenfilets

Die Pilze vorbereiten, abtropfen lassen. Die Zwiebel
schälen, hacken und in einem Topf im erhitzten Öl anschmoren. Mit dem Wein aufgießen. Die Kräuter darüberstreuen, salzen. Nach 5 Minuten die Sahne dazugießen und während des Garens im offenen Topf einkochen

lassen. Das fertige Gemüse mit den gehackten Sardellenfilets vermischen. Sehr vorsichtig nachsalzen und eventuell mit Zitronensaft nachsäuern.

Rosenkohl — Cavolini

Zwar ist der etwas herbe Rosenkohl nicht gerade ein
Leibgericht der Toskaner, wird aber in den Wintermona-
ten doch öfter gereicht, ganz einfach, weil man zu keiner
Jahreszeit auf frisches Gemüse verzichten möchte.
Der nicht so wie wir auf Vitamine bedachte Italiener
blanchiert ihn auf jeden Fall, ja, kocht ihn meist 5 Minuten in Salzwasser ab, das dann weggegossen wird. Über-
braust man die Röschen noch mehrmals mit kaltem oder
heißem Wasser, wird er sehr mild im Geschmack.
Von allen Röschen wird der Strunk abgeschnitten, werden alle nicht ganz grünen Blätter entfernt. Die Röschen
rund eine halbe Stunde in leichtes kaltes Salzwasser legen, damit alles eventuell zwischen Blättern nistende Ungeziefer entfernt wird. Dann mehrmals in frischem kalten Wasser waschen, um allen Schmutz auszuspülen.
Nun wird der Rosenkohl in reichlich kochendes Salzwasser gelegt und 5 Minuten gegart. Erst wenn er gut abgetropft ist, verwendet man ihn nach Rezept weiter.
Rosenkohl wird gerne in Teig gehüllt und im Ölbad gebräunt, siehe Grundrezept *Fritiertes Gemüse* auf S. 98 ff.).
Wenn Sie Rosenkohl in Käse-Sahne-Sauce probieren
wollen, verfahren Sie nach dem Grundrezept für Gemüse in Käse-Sahne-Sauce, S. 138.
Köstlich und rein schmeckt dieses Gemüse so:

Rosenkohl mit Zitrone
Cavolini al limone

800 g Rosenkohl   2 Zitronen
Salz   100 g Butter
$\frac{1}{4}$ Peperoncino

Die vorbereiteten und vorgekochten Röschen in wenig Salzwasser mit dem Peperoncino-Stück und dem ausgepreßten Saft einer Zitrone garen. Das dauert je nach Größe etwa 20 Minuten, die Röschen haben dann eben noch den erwünschten »Biß«. Mit dem Schaumlöffel herausheben, auf eine vorgewärmte Platte legen und mit der erhitzten, leicht gesalzenen, mit dem restlichen Zitronensaft vermischten Butter begießen. Sofort servieren.

Mein Tip: Wenn Röschen allzu unterschiedlicher Größe für ein und dasselbe Gericht verwendet werden sollen, müssen größere längs halbiert werden, damit alle zur gleichen Zeit gar sind. Soll es besonders schnell gehen, werden die Röschen vor dem Garen am Strunk kreuzförmig eingeschnitten, das vermindert die Kochzeit um mindestens 5 Minuten. Sie können diese Arbeit verrichten, bis das Wasser zum Kochen kommt, es ist also eine wirkliche Zeitersparnis.

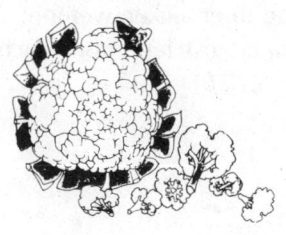

Sellerie — Sedano

Wenn man in Italien von Sellerie spricht, ist praktisch immer unser Stauden-, Stangen- oder Bleichsellerie gemeint. Man verwendet ihn als würzige Beigabe für Saucen, Braten und anderes — immer dann, wenn bei uns das kleine Bund Suppengrün vorgesehen ist. Nur wer ganz raffiniert kocht, nimmt dazu noch ein Stückchen Sellerieknolle zur Geschmacksverstärkung.

Staudensellerie wird nun auch zunehmend bei uns angeboten. Das ist schön, denn gerade im Winter, wenn er zu haben ist, freut man sich über jedes frische Gemüse. Bereiten Sie ihn deshalb öfter nach einem der folgenden Rezepte zu, zweigen Sie aber auch eine Stange als Würze alla Toscana für andere Gerichte ab.

Selleriestangen werden von der Staude unten abgeschnitten. Oben sollten Sie das Grüne entfernen. Nicht selten sind die Stangen noch mit zähen Fäden behaftet, sie werden mit einem kleinen scharfen Messer einfach abgezogen. Nach dem Waschen und Abtropfen können Sie die Stangen bereits verwenden und zwar entweder roh in Scheibchen geschnitten für jeden Salat, oder in Teig gehüllt und fritiert (s. das Grundrezept für *Fritiertes Gemüse* auf S. 98 ff.).

Dicke Stangen können auch nach dem Rezept für *Gefülltes Gemüse* (s. S. 102 ff.) mit einer der dort empfohlenen Farcen gefüllt und überbacken werden.

Gut schmeckt Staudensellerie aber auch in Käse-Sahne-Sauce (s. Rezept S. 138).

Köstlich ist auch

Geschmorter Sellerie
Sedani alla pratesi

1 Staude Sellerie
Salz
2 Lorbeerblätter
100 g Hühnerleber
1 Zwiebel
50 g Butter
100 g Kalbshackfleisch
50 g roher Schinken

Pfeffer
geriebene Muskatnuß
$\frac{1}{2}$ Tasse Weißwein
4 EL geriebener
Parmesankäse
1 Ei
4 EL Semmelbrösel

Den Staudensellerie vorbereiten. Vor dem Kochen in Salzwasser, dem das Lorbeerblatt zugegeben wurde, in ca. 15 cm lange Stücke schneiden. 10 Minuten garen, dann abtropfen lassen. Die Hühnerleber sowie die geschälte Zwiebel hacken, in der Butter anbraten. Das Kalbshackfleisch dazugeben und unter ständigem Zerpflücken mit zwei Gabeln kurz mit anbräunen. Zuletzt den kleingeschnittenen Schinken unterheben. Die Masse salzen, pfeffern und Muskat darüberstreuen. Mit dem Wein aufgießen. Dann von der Kochstelle nehmen und 2 EL Parmesan unterheben. Die Selleriestücke flachdrükken, die Fleischmasse daraufgeben, dann die Ränder wieder über der Füllung zusammendrücken. Die gefüllten Selleriestücke zuerst in Mehl, dann in gesalzenem und gepfeffertem verquirlten Ei, zuletzt in Semmelbrösel wälzen. In der Pfanne in erhitztem Sonnenblumenöl rundum anbräunen. In eine feuerfeste Form legen, mit dem restlichen Parmesankäse bestreuen und bei 200° in der Röhre noch 5 Minuten überbacken.

Sellerie mit Tomaten
Sedani alla parmigiana

1 Staude Sellerie	*50 g geriebener*
Salz	*Parmesankäse*
1 Lorbeerblatt	*50 g Butter*
400 g Tomaten	

Den Sellerie wie auf S. 148 angegeben vorbereiten, die Stangen halbieren, dann in wenig Salzwasser mit dem Lorbeerblatt bei kleiner Hitze in rund 20 Minuten garen. Inzwischen die Tomaten mit kochendem Wasser überbrühen, enthäuten und in Scheiben schneiden. In 1 EL Butter leicht anschmoren. Den Sellerie abtropfen lassen, abwechselnd mit den Tomaten in eine feuerfeste Form schichten. Mit $1\frac{1}{2}$ Tasse Selleriesud begießen. Den Käse darüberstreuen, salzen, mit Butterflöckchen besetzen und in der auf 200° vorgeheizten Röhre noch 10 Minuten überbacken.

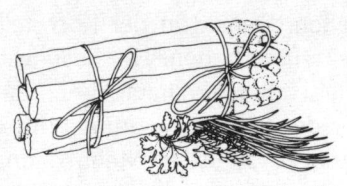

Spargel — *Asparagi*

Schon die alten Römer schätzten, wie überkommene Rezepte beweisen, dieses Edelgemüse. Heute wie gestern liebt man ihn in seiner Saison in der Toskana genauso wie im übrigen Italien. Allerdings sind die Stangen dort nicht rein elfenbeinweiß und so dezent im Geschmack wie bei uns: Man wählt hier fast nur die vom Kopf bis zur Schnittstelle grüne Sorte, die auch bei uns immer öfter angeboten und von Feinschmeckern geschätzt wird.

Grüner Spargel ist kräftiger im Geschmack, aber weniger zart und deshalb, das sei vorausgeschickt, nicht jedermanns Sache. Weil außerdem gerade Spargel in Italien meist weniger sorgfältig behandelt wird, als bei uns, verleidet dies manchem Italien-Küchen-Fan den Appetit daran gründlich. Selbst in sonst sehr guten Restaurants ist er meist unterschiedlich weich bis ganz hart. Wenn Sie ihn selber kochen, sollten Sie grünen Spargel folgendermaßen zubereiten:

Man schält nur die ganz dicken Stangen, die anderen werden an der Schnittstelle nachgeschnitten. Auch grüner Spargel wird wie der weiße in leicht gezuckertem Salzwasser (mit stehenden Stangen) weichgekocht.

Beim Essen wird er mit der Gabel am Ende festgehalten und zur Spitze hin zwischen den Zähnen durchgezogen. Das ist nicht fein, aber ganz italienisch, und überdies die einzige Art, die eßbaren Teile aus der Fülle von Hartem, Holzigem auszusondern. Weil große Teile nicht eßbar sind, müssen Sie grünen Spargel besonders reichlich zubereiten.

Gekochten grünen Spargel sollten Sie am besten mit geriebenem Parmesankäse bestreuen, dann mit heißer (eventuell brauner) Butter und vielleicht noch mit einem Spiegelei krönen.

Gern wird in der Toskana auch der gegarte grüne Spargel in einer Käse-Sahne-Sauce (s. Rezept S. 138) serviert. Diese jedoch übertönt nach meinem Geschmack das sehr subtile Spargelaroma.

Viel feiner ist folgendes Rezept:

Spargel auf San-Gimigniano-Art
Asparagi in Vernaccia

1000 g grüner Spargel
Salz
½ TL Zucker
50 g Butter
200 g Sahne
1 Tasse trockener
Weißwein (am besten
Vernaccia di
San Gimigniano)

grobgeschroteter
weißer Pfeffer
1 Tasse sehr junge,
helle Löwenzahn-
blätter
50 g grobgehackte
Pistazien

Den Spargel wie oben beschrieben vorbereiten und kochen. Inzwischen die Butter erhitzen. Bei sehr milder Hitze saure Sahne und Weißwein zugeben, aber nicht kochen lassen. Öfter durchrühren. Pikant mit Salz und Pfeffer abschmecken. Den Löwenzahn waschen, alle dunklen Teile und den Stielansatz entfernen, gut abtropfen lassen und in feinste Streifen schneiden. Den weichgekochten Spargel ebenfalls abtropfen lassen und gleich auf den Eßtellern anrichten. Die Sauce mit dem Löwenzahn und den Pistazien vermischen und die Spargelstangen damit begießen.

Spinat — Spinaci

Man ißt in Italien immer das ganze Blatt. Von dem deutschen »Kinderschreck«, passiertem grünen Brei, hält man dort, wo auch in der Küche der Naturnähe Vorrang eingeräumt wird, mit Recht wenig. Spinat soll sehr jung und zart sein und wird auf jeden Fall vor der Verwendung blanchiert. Das Kochwasser weggießen, die Blätter kurz ins eiskalte Wasser legen, damit sie appetitlich grün bleiben, und dann wie folgt weiterverwenden.
Am beliebtesten ist Spinat in Käse-Sahne-Sauce (s. Rezept S. 138).
Vorzüglich schmeckt auch

Spinat mit Butter
Spinaci al burro

800 g Spinat
1 EL Olivenöl
Salz

frischgemahlener
weißer Pfeffer
1 Zitrone
50 g Butter

Den Spinat gut waschen und abtropfen lassen, dann blanchieren, noch einmal zum Abtropfen in ein Sieb geben. Inzwischen das Öl in einem Topf erhitzen, die Spinatblätter darin 5 Minuten schmoren. Den Topf dabei nicht zudecken, damit die Flüssigkeit verdunsten kann. Den Spinat salzen, pfeffern, mit Zitronensaft beträufeln. Auf eine vorgewärmte Platte heben und mit heißer Butter begossen sofort reichen.

Variationen dazu gibt es in der Toskana genug. Mir schmeckt am besten Spinat mit Butter nach obigem Rezept mit gehacktem harten Ei und kleingeschnittenen Sardellen bestreut.

Der auf diese Art bereitete Spinat kann aber auch noch mit geriebenem Parmesankäse bestreut und in der auf 200° vorgeheizten Röhre 5 Minuten überbacken werden.

Wie köstlich rohe Spinatblätter, in Eierkuchenteig getaucht und in Öl fritiert, schmecken, sollten Sie probieren (s. Rezept S. 98 ff.).

Auch das ist eine Köstlichkeit, die Sie kennen sollten:

Spinat-Auflauf
Sformato di spinaci

Sie können ihn nach dem Rezept für den *Zucchini-Auflauf* (s. S. 165) bereiten, es werden nur die Zucchini durch grobgehackte blanchierte Spinatblätter ersetzt.

Ebenfalls des Nachkochens wert:

Spinat mit Tomaten
Spinaci con i pomadori

Die blanchierten Spinatblätter werden abwechselnd mit Scheiben von enthäuteten Tomaten schichtweise in eine feuerfeste Form gefüllt. Jede Schicht salzen, leicht pfeffern. Mit einer Sahnesauce begießen. Oder mit brauner Butter übergießen und mit geriebenem Parmesankäse bestreuen und 5 Minuten in der auf 200° vorgeheizten Röhre überbacken.

Eine ganz besondere Spezialität und überaus köstliche, frische, saftige Beilage zu Fleisch sind

Spinat-Nockerln
Gnocchi di spinaci

500 g Spinatblätter	Pfeffer
300 g Ricotta	geriebene Muskatnuß
ca. 100 g Mehl	50 g Butter
(möglichst Maismehl)	4 EL geriebener
Salz	Parmesankäse

Die Spinatblätter 5 Minuten blanchieren, dann mit dem Schaumlöffel herausheben, abtropfen lassen und grob hacken. Den Ricotta kleinschneiden. Spinat und Ricotta (bei uns kann auch der sehr trockene Schichtkäse verwendet werden) verrühren. Soviel Mehl dazugeben, daß ein nicht zu fester, jedoch gut zu verarbeitender Teig entsteht. Das ist je nach Feuchtigkeit von Käse und Spinat verschieden und muß Ihrem Fingerspitzengefühl überlassen bleiben. Mit Salz, Pfeffer und Muskat würzen. In einem großen Topf leichtes Salzwasser zum Kochen bringen. Inzwischen aus dem Teig fingerdicke, fingerlange Nockerl formen und in Mehl wälzen. Im Salzwasser ziehen lassen, bis sie nach oben steigen. Dann die Nockerl mit dem Schaumlöffel herausheben, abtropfen lassen und nebeneinander in eine flache, feuerfeste Form legen. Mit erwärmter Butter beträufeln, mit dem Käse bestreuen und in der auf 200° vorgeheizten Röhre rund 8 Minuten überbacken.

Mein Tip: Wenn Sie noch 150 g kleingeschnittenen rohen oder gekochten Schinken unter die Masse mischen, genügt frischer Salat als Beilage, um die Nockerl zu einer rundum befriedigenden, vollständigen Mahlzeit zu machen.

Besonders apart ist

Sieneser Spinat
Spinaci senesi

1000 g Spinat	3 EL feingemahlene
frischgemahlener	Pinienkerne oder
weißer Pfeffer	Mandeln
50 g Butter	$\frac{1}{4}$ l trockener weißer
$\frac{1}{2}$ Knoblauchzehe	Landwein
1 Zwiebel	50 g frische Wein-
Salz	trauben oder
geriebene Muskatnuß	2 EL Rosinen

Den Spinat vorbereiten, blanchieren und gut abtropfen lassen. In der Butter den gepreßten Knoblauch und die geschälte, feingeriebene Zwiebel anschmoren. Salz, groben Pfeffer, Muskat und die Nüsse unterrühren. Mit dem Wein aufgießen. Rosinen jetzt dazugeben. Die Spinatblätter in diesen würzigen Sud im geschlossenen Topf rund 10 Minuten, dann im offenen Topf noch 5 Minuten dünsten. Bei Verwendung von frischen Trauben diese gut gewaschen, halbiert und entkernt in den letzten 5 Minuten mitgaren. Den fertigen Spinat mit Salz nachwürzen.

Tomaten — Pomodori

Wie würde die Toskanerin beim Kochen ohne die Tomate auskommen? Es ist nicht auszudenken, denn diese spielt kulinarisch beinahe überall eine Rolle — und sei es nur die kleinste »Charge«.

Natürlich können Sie Tomaten auch füllen — alle unsere Farcen für *Gefülltes Gemüse* (s. Grundrezept auf S. 102 ff.) eignen sich vorzüglich dafür. Am besten aber sind *Florentiner Tomaten (pomodori fiorentini)*, wofür ausgehöhlte, innen gut gesalzene Tomaten mit blanchiertem Spinat gefüllt, mit erwärmter Butter beträufelt und mit geriebenem Parmesankäse bestreut in einer feuerfesten Form gebacken werden.

Tomaten schmecken nur wirklich köstlich, wenn sie vollreif sind. Bei uns sind sie in diesem Zustand nur wenige Wochen, und auch das nur in sehr sonnigen Sommern, zu bekommen. Auch wenn ich wie die Toskanerin sonst überhaupt nichts von Gemüsekonserven halte: Tomaten schmecken aus der Dose, wo sie sonnendurchglüht und ganz reif konserviert worden sind, meist besser als halbreife, wäßrig-fade frische. Natürlich sind sie nur zum Kochen geeignet — da aber sollten wir ihnen wirklich den Vorzug geben.

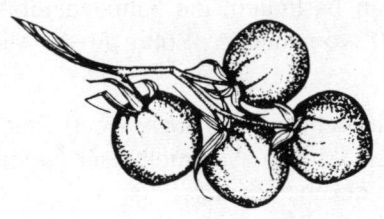

Hier nun die wichtigsten Tomatenrezepte, die Sie alle auch aus Dosentomaten bereiten können:

Überbackene Tomaten
Pomodori al forno

800 g frische oder	4 EL gehackte Petersilie
1 große Dose Tomaten	1 EL frischer
3 EL Olivenöl	oder 1 TL getrockneter
Salz	Salbei
grobgeschroteter	4 EL geriebener
schwarzer Pfeffer	Parmesankäse
3 Knoblauchzehen	4 EL Sahne

Die frischen Tomaten gut waschen, den Stielansatz großzügig ausschneiden und kreuzweise einritzen. Mit kochendem Wasser überbrühen und enthäuten. Dosentomaten abtropfen lassen, den Saft jedoch zur Weiterverwendung aufbewahren.

Das Öl in einer flachen, feuerfesten Form erhitzen, die Tomaten hineinsetzen. Mit Salz (bei Dosentomaten damit sparen!), Pfeffer, dem geschälten und gehackten Knoblauch, Petersilie und Salbei bestreuen und 10 Minuten bei kleiner Hitze garen. Dabei etwas Wasser oder, bei Dosentomaten, Saft aus der Konserve, nachgießen. Mit Parmesan bestreuen, die Sahne darüberträufeln. In der auf 200° vorgeheizten Röhre 5—10 Minuten überkrusten.

Variation: Gut schmeckt es auch, wenn Sie den Käse mit der gleichen Menge Semmelbrösel vermischen und noch Butterflöckchen daraufsetzen.

Tomaten in Sahne
Pomodori alla panna

1000 g frische oder	frischgemahlener
1 große Dose geschälte	weißer Pfeffer
Tomaten	geriebene Muskatnuß
1 Zwiebel	1 Prise Salbeipulver
2 EL Olivenöl	1 Becher (200 g) Sahne
Salz	1 EL Mehl

Die Tomaten nach dem Rezept *Überbackene Tomaten* (auf S. 158) vorbereiten. Die Zwiebel schälen und fein schneiden. Das Öl in einem Topf erhitzen, die Zwiebel dazugeben und anschmoren. Dann die Tomaten daraufsetzen. Mit Salz, Pfeffer, Muskat und Salbei würzen. Die Sahne mit dem Mehl verquirlen und leicht salzen, darübergießen. Das Gericht bei milder Hitze 15 Minuten schmoren, danach noch mit Salz und Pfeffer abschmekken, weil frische Tomaten viel Gewürz »schlucken«.

Mein Tip: Basilikum ist ein vorzügliches Gewürz für alle Tomatenrezepte.

Weißkohl — Cavolo

Er wird in der Toskana entweder nur ganz, ganz jung oder als winterliche Notlösung verwendet. Grundsätzlich wird er geviertelt, blanchiert, dann mit kaltem Wasser abgeschreckt, das mildert seinen strengen Geschmack — und ist so mehr nach italienischem Gusto! Nach allen folgenden Rezepten kann auch *Cavolo nero,* unser Rotkohl (Blaukohl, Blaukraut) zubereitet werden.

An einer Stelle allerdings kann man im Süden Kohl nicht entbehren: In kräftigen Gemüsesuppen nämlich. Ausprobieren!

Kohl wird sehr gern in Käse-Sahne-Sauce (s. Grundrezept auf S. 138) gegessen. Der Kohl wird dafür nach dem Blanchieren und Abtropfen noch einmal 5 Minuten in frischem Salzwasser gegart und dann in grobe Streifen geschnitten.

Gefüllter Kohl
Cavolo ripieno

Die ebenfalls nach dem Blanchieren noch einmal 5 Minuten gekochten Kohlkopfviertel in einen Topf legen. Die inneren Blätter herausnehmen und statt dessen mit einer der Farcen von S. 103—108 füllen. Nach dem Grundrezept *Gefülltes Gemüse* auf S. 108 weiterverfahren.

Sehr gut schmeckt mir auch diese Variation, bei der die fruchtige Säure der Tomaten den Kohl abwandelt:

Weißkohl mit Tomaten
Cavolo con le pomodore

500 g Weißkohl	*¼ l kräftige Würfel-*
Salz	*brühe*
500 g Tomaten	*1 Knoblauchzehe*
(evtl. aus der Dose)	*je 1 TL frisches*
1 Zwiebel	*oder ½ TL getrocknetes*
2 EL Olivenöl	*Basilikum, Thymian*
	und Salbei

Den Weißkohl von den äußeren derben Blättern befreien, vierteln, blanchieren, 5 Minuten in Salzwasser vorkochen, dann in grobe Streifen schneiden. Frische Tomaten überbrühen, enthäuten und vierteln. Dosentomaten abtropfen lassen und halbieren. Die Zwiebel schälen, hacken und in einem Topf im erhitzten Öl anbraten. Abwechselnd Weißkohl und Tomaten dazugeben. Mit der Brühe (bei Dosentomaten statt dessen mit Flüssigkeit aus der Konserve, wenn nötig mit Brühe auf $\frac{1}{4}$ l aufgefüllt) aufgießen.

Den Knoblauch schälen, pressen. Mit den Kräutern zum Gemüse geben. Das Gemüse bei sehr kleiner Hitze im geschlossenen Topf 15 Minuten garen. Dann nachschmecken.

Für uns etwas ungewohnt ist

Marinierter Weißkohl
Cavolo marinato

600 g Weißkohl	*$\frac{1}{2}$ TL getrockneter*
Salz	*Oregano*
$\frac{1}{2}$ Tasse Oliven-	*1 Zwiebel*
öl	*$\frac{1}{2}$ Bund Petersilie*
1 Peperoncino	*$\frac{1}{2}$ Tasse Weinessig*

Den Weißkohl vorbereiten, vierteln und blanchieren. Dann abtropfen lassen, in grobe Streifen zerteilen und in einem Topf in 2 EL erhitztem Öl unter Rühren 5 Minuten durchschmoren. In eine Schüssel geben, das Pfefferschötchen dazulegen. Mit dem Oregano bestreuen. Die Zwiebel schälen und hacken, ebenfalls zugeben. Die Petersilie unter fließendem kalten Wasser abbrausen, trok-

kenschwenken, fein schneiden und über den Kohl
streuen. Mit dem mit $\frac{1}{2}$ Tasse Wasser verdünnten Essig
und dem restlichen Öl begießen. Die Schüssel mit Folie
abdecken und den Kohl mindestens 2 Stunden Aroma
ziehen lassen.

Mein Tip: Ich würze den Kohl lieber mit kleingeschnitte-
nem Fenchelkraut als mit Petersilie und/oder Oregano.
Übrigens ißt man auch in der Toskana Kohl gerne ab und
zu im Winter einmal herzhaft: Beim Schmoren mageren
geräucherten Schweinebauch oder kräftige Wurst dazugeben. Das ergibt *Cavolo alla paesana (Kohl nach Bäue-
rinnen-Art).*

Zucchini

Über sie ist nichts zu sagen, sie sind bei uns so heimisch,
daß jede Köchin und jeder Koch »aus Liebe« sie kennt
und schätzt.
So bereitet man die Gürkchen, die eigentlich kleine Kürbisse sind, in der Toskana zu:

Gefüllte Zucchini
Zucchini ripieni

4 mittelgroße Zucchini	*ca. $\frac{1}{4}$ Bund Peter-*
Salz	*silie*
Butter für die Form	*frischgemahlener*
200 g Kalbshack-	*weißer Pfeffer*
fleisch	*geriebene Muskatnuß*
50 g Mozzarella	*4 EL geriebener*
1 Ei	*Parmesankäse*
4 EL Semmelmehl	*4 EL Sahne*

Die Zucchini waschen, die beiden Enden abschneiden, der Länge nach halbieren und mit dem Löffel vorsichtig aushöhlen. In einem flachen, nicht zu großen Topf Salzwasser zum Kochen bringen, die Zucchini darin rund 2 Minuten garen. Dann mit dem Schaumlöffel herausheben und in eine gut ausgebutterte flache Auflaufform nebeneinanderlegen. Aus dem Kalbshackfleisch, dem sehr fein gewürfelten Mozzarella, dem Ei, Semmelbröseln, der gewaschenen, trockengeschwenkten und feingehackten Petersilie, Salz, Pfeffer und Muskat einen milden Fleischteig bereiten. Die Zucchinihälften damit füllen. Den Parmesankäse mit der Sahne vermischen, darübergießen. Die Röhre auf 180° (Gas Stufe 2—3) vorheizen, die Zucchini 15 Minuten darin backen.

Variation: Fruchtiger und leichter wird die Farce, wenn Sie das aus den Zucchini ausgehöhlte Gemüsefleisch mitverwenden. Grob hacken, eventuell in etwas Butter und Olivenöl unter Rühren einige Minuten durchschmoren und unter den Fleischteig mischen.

Eine Köstlichkeit für die Vorspeisenplatte, aber auch eine pikante Beilage, die besonders bei heißem Wetter schmeckt, sind *Marinierte Zucchini (Zucchini cott'olio).* Sie werden nach dem Rezept *Marinierte Auberginen* auf S. 110 bereitet.

Kräftig schmecken die sonst sehr geschmacks-zarten Zucchini auch als

Zucchini-Tomatengemüse
Zucchini con prosciutto

400 g Zucchini
400 g frische oder
geschälte Dosen-Tomaten
4 Zwiebeln
4 EL Olivenöl
Salz
frischgemahlener
weißer Pfeffer

1 Knoblauch-
zehe
1 EL kleingeschnittenes,
frisches oder
1 TL getrocknetes
Basilikum
200 g roher
Schinken

Die Zucchini gut waschen, die beiden Enden abschneiden. Die kleinen Kürbisse in dicke Scheiben zerteilen. Frische Tomaten vom Stielansatz befreien, mit kochendem Wasser überbrühen und enthäuten, dann vierteln. Dosentomaten abtropfen lassen und ebenfalls vierteln. Die Zwiebeln schälen und fein hacken. In einem Topf das Öl erhitzen, die Zwiebeln darin anschmoren, dann die Zucchini und die Tomaten dazugeben. Das Gemüse mit Salz und Pfeffer bestreuen. Die Knoblauchzehe dazupressen, das Basilikum einrühren. Alles bei kleiner Hitze rund 15 Minuten schmoren, noch etwas Wasser, Brühe oder Tomatensaft aus der Dose dazugeben. Das Gemüse muß so trocken als möglich sein, darf aber natürlich nicht anliegen. Zuletzt mit Salz und Pfeffer nachschmecken, eventuell noch etwas Öl einrühren. Den in feine Streifen geschnittenen Schinken untermischen, sofort reichen.

Mein Tip: Schmeckt ohne Schinkenzugabe, sehr gut gekühlt, vorzüglich.

Zucchini-Auflauf
Sformato di Zucchini

1 Zwiebel	50 g frischgeriebener
500 g Zucchini	Parmesankäse
5 EL Butter	100 g Mozzarella
2 EL Semmelbrösel	Salz
125 g Mehl	frischgemahlener
¼ l Milch	weißer Pfeffer
4 Eier	

Die Zwiebel schälen und fein hacken. Die Zucchini gut waschen, von den Enden befreien und in feine Würfelchen schneiden. 1 EL Butter in der Pfanne erhitzen, die Zwiebelwürfel anschmoren. Dann die Zucchini dazugeben und unter Rühren so lange mitschmoren, bis die Flüssigkeit verdampft ist, die Zucchini sollten aber noch Konsistenz haben. Das Gemüse von der Kochstelle nehmen und etwas abkühlen lassen. Inzwischen eine Auflaufform gut ausfetten. Die restliche Butter in einem Topf erhitzen, das Mehl einrühren, dann unter ständigem Rühren die Milch dazugeben. Wenn eine glatte Masse entstanden ist, den Topf von der Kochstelle nehmen. Die Röhre auf 160° vorheizen. Die Eier trennen, das Eiweiß steif schlagen. Den Mozzarella in kleine Würfel schneiden. Einen größeren Topf mit heißem Wasser füllen und in die heiße Röhre stellen. Das Eigelb, Parmesan und Mozzarellawürfelchen in die Milch rühren, bis eine glatte Masse entstanden ist. Dann Zwiebeln und Zucchini hinzufügen. Die Masse mit Salz und Pfeffer abschmecken. Zuletzt das steifgeschlagene Eiweiß unterheben. Diese Masse in die gefettete Auflaufform füllen, die Form in die Röhre ins Wasserbad stellen und mit einem Deckel oder Alufolie verschließen und den Auflauf knapp 1 Stunde garen. Gestürzt heiß als Beilage zu Fisch oder Fleisch reichen.

Variation: Diesen Auflauf können Sie genausogut mit Auberginen herstellen.

Zwiebeln — Cipolle

Zwiebeln werden in der Toskana nur sehr selten als eigenständiges Gemüse gereicht, sondern immer nur in größeren oder kleineren Mengen zugegeben. Das schmeckt gut, besonders wenn man die im Süden gebräuchlichen und auch bei uns immer öfter angebotenen milden Gemüsezwiebeln verwenden kann.

Zwiebeln werden immer geschält und dann in leichtem Salzwasser vorgekocht. Dieses Kochwasser kann auch noch mit Zitronensaft oder Wein, Kräutern oder geriebener Muskatnuß gewürzt werden. Große Zwiebeln höhlt man gerne aus und füllt sie mit einer der Farcen, die wir auf S. 102 ff. unter *Gefülltes Gemüse* vorstellen. Dann fertiggaren.

Vorzüglich schmecken aber auch winzige, vorgekochte, in Teig gehüllte und fritierte Zwiebeln (s. Grundrezept auf S. 98 ff.). Oder kleine, ebenso vorbereitete und dann marinierte Zwiebeln (s. S. 142). Sie können die Zwiebelchen oder auch in dicke Scheiben geschnittene große Zwiebeln aber auch in Käse-Sahne-Sauce (Grundrezept S. 138) reichen.

Eine echte Gaumenfreude sind glasierte Zwiebelchen, warm als Beilage oder kalt als Vorspeise gereicht.

Glasierte Zwiebelchen
Cipolline glasate

Dafür werden winzige Zwiebelchen in leichtem Salzwasser mit Lorbeerblatt weichgekocht. Inzwischen Zucker mit Vin santo karamelisieren, die Zwiebelchen darin einige Minuten durchschütteln, bis sie ganz mit der köstlichen Glasur überzogen sind. Eventuell noch in Essig und Öl marinieren.

Die Provinzen am Meer: Carrara, Livorno, Pisa und Grosseto

Schon die Anfahrt begeistert jedesmal aufs Neue: Ob Sie die Panorama-Küstenstraße von Genua her benutzen, durch das wildromantische Tal der Garfagnana fahren oder bequem auf der (erfreulicherweise meist wenig befahrenen Autostrada über den Apennin rollen, sie ist alleine schon ein Erlebnis.

Die nach Prospekt genau 329 km lange Küste wird mit jedem Jahr von mehr Urlaubern entdeckt — der Wechsel zwischen goldenem Sand und romantischer Steilküste reizt mit Recht. Und zwar sind es nicht nur die Ausländer, die hier gerne Sonne »tanken«: Wie die Fremdenverkehrsstatistik weiß, bevorzugen auch die Italiener diesen Küstenstrich und seine Inseln.

Leider kennen die meisten der deutschen Toskana-Schwärmer das goldgrüne kunstreiche Hügelland nur von seiner meerumspülten Seite. Das ist zwar schon etwas, doch hat auch die Küste viel zu bieten. Das Klima ist ganz mediterran, denn der Apennin schützt vor nordischen Wettereinflüssen, die oft noch in der Po-Ebene zu spüren sind. Und doch kühlt vom Meer her ein leichter Wind auch in den heißesten Zeiten.

Das Meerklima sorgt übrigens in der ganzen Toskana für

besonders angenehme, ausgeglichene Temperaturen. Ihm verdankt sie die häufigen, kurzen und milden Regenfälle, die die Fruchtbarkeit des Bodens erst anregen. Es begrenzt auch den Winter auf durchschnittlich nur sechs Wochen.

Das hügelige bis steile Hinterland, das schon auf der Reise für sich selber spricht, bietet auch während des Badeurlaubs am Strand vom eleganten Viareggio bis hinunter zum Monte Argentario Gelegenheit zu reizvollen Ausflügen als willkommene Unterbrechung tagelangen Sonnenbadens.

Ein weiterer Pluspunkt, der auch für die Nur-Erholungsbedürftigen und Sonnenhungrigen nicht zu unterschätzen ist, sind die großartigen Kunstwerke, die von jedem der Badeorte aus in Reichweite des Autos (warum im Urlaub nicht mal der Bahn?) liegen.

Kein Wunder also, daß die Piazza dei miracoli, der Wunderplatz in Pisa mit dem Schiefen Turm, während der Ferien-Saison eher einem Rummelplatz als dem Umfeld klassischer Baukunst gleicht. (Ein Wunder allerdings, das sei hier schon gesagt, daß sich kaum einer der Touristen weg von Dom und Turm in die an vielen Stellen wunderschöne Pisaner Innenstadt verirrt!)

Doch was sollten Sie bei einem toskanischen Küsten-Urlaub nicht versäumen?

Im Norden, in der Versilia, wo die weißglänzenden Marmorbrüche bis nahe ans Wasser reichen, ist ein Ausflug in die zerklüfteten Berge auf jeden Fall ein Erlebnis.

Interessieren Sie sich für supermoderne Technik? — hier ist sie. Sie hat immer noch dieselben naturbedingten Probleme zu bewältigen wie die alten Römer, die hier den reinweißen Baustein für ihre Foren und Tempel brachen.

Möchten Sie einen Tag in enger Verbundenheit mit den Ursprüngen edelster Bauwerke und Statuen der Renaissance und des Barock verbringen? Dann sind Sie hier am richtigen Ort. Nirgends anders, auch in seinen berühmtesten Werken, ist Michelangelo so nahe wie hier, wo er monatelang, an schwankenden Seilen hängend, mit dem Berg um einen makellosen Stein rang, aus dem sich unter seinen Händen eine seiner kraftvollen Figuren lösen sollte.

Lassen Sie sich als Andenken an die *Steinbrüche um Carrara* nicht zum Kauf einer der mehr oder weniger künstlerischen oder kitschigen Nachbildungen klassischer Kunstwerke verleiten. Entscheiden Sie sich lieber für die (im Moment zwar weniger effektvollen) kleinen Gebrauchsgegenstände, wie Aschenbecher, Schälchen oder Briefbeschwerer, oder auch nur einfach Steine in schöner Form mit Adern in ästhetisch vollendeten Farben und Strukturen, die Ihnen zu Hause ein Leben lang Freude machen werden und auch zum Verschenken ideal sind.

Auch *Pisa* ist immer gut zu erreichen — von den meisten der Küstenorte gibt es praktische, preiswerte Omnibusfahrten dorthin. Natürlich dürfen Sie sich am Domplatz mit dem runden, herrlichen Baptisterium und dem Schiefen Turm, einer vollendeten Komposition aus romantischer Epoche, erfreuen. Er wirkt trotz der »Abnutzung« durch allzu starken Tourismus. Auf jeden Fall aber sollten Sie auch den danebenliegenden *camposanto,* den eindrucksvollen gotischen Friedhof nicht versäumen. Die in den Kämpfen des letzten Krieges stark beschädigten mittelalterlichen Fresken, der *Triumph des Todes,* sind gut restauriert und wieder zu besichtigen.

Doch auch ein Spaziergang durch die Stadt macht (trotz der hier ebenfalls entstandenen beträchtlichen Kriegsschäden) Freude. Die in der Nähe des Schiefen Turms gelegene halbrunde Piazza dei Cavalieri steht keinem der ganz berühmten Plätze Italiens nach — und ist doch meist so still, wie es sich ein von allzuviel Trubel und Sonne und Schönheit übermüdeter Tourist nur wünschen kann.

Wenn Sie am Arno spazierenschlendern, wird Ihnen die zuckerbäckerspitzenverzierte Kirche Santa Maria della Spina, im Jahre 1323 geweiht, besonders auffallen, doch gibt es auch sonst noch genug zu sehen.

Hier finden Sie übrigens auch das Restaurant »Sergio«, dessen ausgezeichnete Rezepte Sie am Ende dieses Kapitels finden werden.

Livorno, die größte toskanische Hafenstadt, ist als Hafen zum Übersetzen nach Elba und Sardinien sowie nach Korsika manchem bereits bekannt. Wer von dort aus starten will, sollte auf jeden Fall die Überfahrt und, wenn nötig, ein Zimmer für die Übernachtung buchen, sonst kann es zu bösen Überraschungen kommen. Ich spreche aus Erfahrung! Doch auch ein Ausflug vom Badestrand her macht Spaß. Zwar ist außer der alten Festung, um 1534 von den Medici erbaut, und der »neuen« von 1590, nur noch das pittoreske »Venezia Nuova«, das alte Stadtviertel dazwischen, zu besichtigen, doch das quirlende Leben rund um den Hafen lohnt bereits die Fahrt. Wer einkaufen will, fragt sich nach dem täglich stattfindenden »Mercatino americano« durch.

Etruskische Funde beherbergt das kleine Museum in *Castiglioncello,* einem sehr hübschen Badeort. Auch weiter im Süden, im Umkreis der ehemaligen etruskischen Hafenstadt *Populonia,* ist vieles aus der ersten toskanischen Kulturepoche zu sehen. Besonders eindrucksvoll ist eine ausgedehnte Nekropole mit Gräbern, die bis ins 9. Jahrhundert v. Chr. zurückgehen.

Von *Piombino* aus kann man am besten mit dem Wagen nach Elba übersetzen. Auch hier müssen Fährkarte und Quartier unbedingt vorbestellt werden. Ansonsten lohnt ein Aufenthalt in dieser Industriestadt kaum.

Wer dagegen im Hinterland ein paar schöne Stunden verbringen will, der fährt nach *Massa marittima.* Hier wird die wunderschöne, asymmetrische Piazza Garibaldi von einem unverändert gebliebenen mittelalterlichen Stadtkern umschlossen.

Follonica, der Badeort mit einladendem Sandstrand, beweist am Beispiel der riesigen Betonkomplexe, daß man auch in der sonst so schönheitsbegabten Toscana böse Bausünden finden kann.

Weiter im Süden versteckt sich in einem riesigen Pinienhain der malerische Fischerort *Castiglione della Pescaia,* der in bester Weise Tradition mit modernem Bewirtungskomfort verbindet. Im Schatten der uralten, wuchtigen Festung sitzt und staunt man am Fischereihafen inmitten der Bevölkerung und fühlt sich rundum urlaubs-wohl. Etwas außerhalb, ebenfalls von Pinien beschirmt, liegen ausgedehnte, sehr bequeme Hotelkomplexe und Ferienbungalows.

Tagesausflüge ins nahe *Grosseto,* wie Lucca umgürtet von einem noch intakten, zur Promenade ausgestalteten mediceischen Mauerring, mit einem gotischen Dom sowie einem reichbestückten archäologischen Museum als Glanzpunkten sollten eingeplant werden.

Im Süden davon erstreckt sich eines der erfreulichen Landschaftsschutzgebiete, ein Paradies für Tiere und Pflanzen — und mußesuchende Menschen. Die Maremma, seit Menschengedenken als Sumpf- und Malaria-Hölle gemieden, wurde in den dreißiger Jahren dieses Jahrhunderts trockengelegt. Weizen wogt nun zwischen duftenden, macchiaüberwucherten Hügeln, Schafe weiden, von weißen, wolligen, gutmütigen Riesen-Hunden bewacht, auf weniger fruchtbaren Stellen. Sie können hie und da sogar einem Stachelschwein begegnen, häufiger jedoch eine seiner Stacheln finden.

Andernorts besonders seltene Vögel sind hier heimisch, Rinderherden leben frei und zwingen manchmal, wenn einer der mächtigen Stiere sich belästigt fühlen könnte, zur Vorsicht.

Die noch zur Maremma gehörende Hügelkette Monti dell'Uccelina, die sich nahe der Küste 15 Kilometer weit erstreckt, gibt Gelegenheit zu Wanderungen mit traumhafter Fernsicht auf Meer und Land.

Herrlich ist auch der Blick vom südlichsten Punkt der toskanischen Küste, vom Massiv des Monte Argentario. Man kann bis zu den Inseln Giglio und Elba sehen. Am Fuße dieses nur durch drei schmale Landbrücken mit dem toskanischen Festland verbundenen Berges mit seinen Buchten bietet sich Segel- und Surffreunden eine gute Gelegenheit, ihrem Hobby nachzugehen. Port' Ercole und Porto San Stefano haben diesbezüglich einen ausgezeichneten Ruf.

Von Porto San Stefano, beherrscht von einer mächtigen Veste, aus beginnt die Überfahrt nach der *Isola del Giglio,* nur knapp 15 Kilometer von der Küste entfernt ins Meer getupft. Denn mehr als ein Punkt ist das Inselchen in der Tyrrhenis mit seinen nur drei Dörfern wirklich nicht. Mitnehmen sollten Sie bei einem Besuch, der besonders für Tauchsportler verlockend ist, den starken heimischen Wein, den »Ansonico«.

Kehrt man vom Monte Argentario zum Festland zurück, verlockt das Städtchen *Orbetello* zum Verweilen, Fotografieren und zum Besuch des etruskischen Museums mit reichen Grabfunden.

Bleibt letztlich nur noch, von *Elba* zu sprechen, der Insel, groß genug für alle Vergnügungen und Schönheiten, die wir uns im Urlaub wünschen, und doch so überschaubar, daß man sich spätestens nach den zweiten Ferien dort völlig heimisch fühlen kann.

Im Hafen- und Fährhafenort, dem Städtchen Portoferraio, kann man stundenlang bummeln oder in den Gärten hinter Napoleons Haus, das er während seines Exil bewohnte, übers Meer in die Ferne träumen.

Porto Azzuro, Capoliveri, Marina di Campo, Marciana Marina und Procchio sind die wichtigsten Badeorte, in der Saison jedoch so überlaufen, daß man ein Stück ins Land hinein oder an weniger bekannten Stränden eine Unterkunft suchen sollte. Dann kann Elba zum Ferienparadies werden.

Ein Urlaub auf Elba wäre unvollständig ohne einen Besuch in San Martino, wo Napoleon in den zehn Monaten seines Aufenthalts auf Elba eine Sommerresidenz inmitten üppiger Inselvegetation erbauen ließ.

Zum toskanischen Archipel gehört noch die *Isola Montecristo,* die der Schauplatz von Alexandre Dumas d. Ä. weltberühmtem Roman ist.

Hier nun Rezepte der besten Restaurants des Gebietes:

Ristorante Enoteca
" Sergio „

Prop. Cav. SERGIO LORENZI

56100 Pisa - Lungarno Pacinotti, 1

☎ 050 - 48245

Geschlossen sonntags, montags und im Januar sowie vom 15.—28. Juli.

Mit angeschlossener Onothek mit Weinen aus den Pisaner Hügeln.

Gleich vier Rezepte, eines köstlicher als das andere, stellte uns »Sergio« in Pisa zur Verfügung. Das Restaurant ist im

Michelin Italiens mit dem Stern für sehr gute Küche, die besondere Beachtung verdient, ausgezeichnet. Das bedeutet: Hier winkt eine angenehme Unterbrechung Ihrer Reise. Und nun gleich: Guten Appetit nach »Sergio«:

Seebarsch-Schnitzel mit Kräutern
Scaloppine di branzino alle erbe

Für 6 Personen

1 Seebarsch von 1500 g	etwas weißer Pfeffer
100 g Butter	viele gemischte, gehackte
½ Zwiebel	Kräuter wie z. B. Petersilie,
1 Möhre	Basilikum, Thymian
etwas Sellerie	1 Glas Weißwein
2 Lorbeerblätter	Salz

Den Fisch vorbereiten, gut waschen, abtrocknen und in Scheiben schneiden. Die Fischreste in eine Schüssel geben, Wein, etwas Wasser, das kleingehackte Gemüse (Möhre, Zwiebel und Sellerie) sowie Pfeffer, Salz und Lorbeerblätter dazugeben und alles vermengen. In einen Topf geben und weich kochen. Den Fisch in eine feuerfeste Form legen, mit Butterflöckchen bestreuen, die Fisch-Gemüse-Mischung durch ein Sieb streichen und über dem Seebarsch verteilen. In den Ofen schieben und nach kurzer Backzeit die Kräuter darüberstreuen. Dazu schmecken Salzkartoffeln gut.

Perlhuhnbrust mit Pflaumen und Rotwein
Petti di faraona alle prugne e vino rosso

Für 6 Personen

3 große Perlhuhnbrüste	etwas Mehl
200 g Pflaumen	einige Lorbeerblätter
100 g Butter	Salz

Die Pflaumen entkernen und in Wasser und Rotwein kochen. Die Perlhuhnbrüste in der Butter anbraten, die Lorbeerblätter zugeben und salzen. Wenn das Fleisch halb gar ist, einige Pflaumen zufügen und mit Rotwein ablöschen. Dann die Hühnerbrüste herausnehmen und warm stellen. Die Sauce passieren und mit Butter und Mehl binden. Das Fleisch in Scheiben schneiden, mit den Pflaumen garnieren und die sehr heiße Sauce darübergießen.

Teigröllchen
mit Artischocken-Käse-Füllung
Tortelli ai carciofi e formaggio grana

Für 6 Personen

Für die Füllung:	50 g geriebener Käse
6 Artischockenherzen	Salz
1 Zwiebel	
50 g Butter	Für den Teig:
30 g Mehl	400 g Mehl
¼ l Milch	4—5 Eier
3 Eier	Salz

In wenig Butter die gehackte Zwiebel und die zerpflückten Artischockenherzen anbräunen. Mit dem Rest der Butter und der Milch eine Béchamelsauce zubereiten und zu den Artischockenherzen geben. Dann nach und nach die Eier, den Käse und Salz zugeben, abkühlen lassen.

Die Teig-Zutaten vermengen und verkneten. Ausrollen und Quadrate ausschneiden. In die Mitte eines jeden Quadrats etwas Füllung geben und — von einer Ecke ausgehend — die Teigvierecke einrollen, dann beide Enden zusammendrücken. In reichlich Salzwasser kochen und mit Butterflöckchen und geriebenem Käse bestreut servieren.

Steinpilz-Suppe
Zuppa di funghi porcini

Für 4 Personen

Ca. 300 g Steinpilze (oder andere große, reife Pilze)
100 g kleine Pilze
3 reife Tomaten
1 kleine Zwiebel
2 Knoblauchzehen
Salbei

Basilikum
100 g Olivenöl
100 g Semmelbrösel
Salz
Pfeffer
Fleischbrühe

Wenig Öl in einem großen Topf erhitzen. Die gehackte Zwiebel und den feingewürfelten Knoblauch darin anbraten. Die Kräuter und die zerkleinerten reifen Pilze zugeben. Einige Minuten schmoren. Die enthäuteten, entkernten und feingewürfelten Tomaten dazugeben und noch einige Minuten köcheln lassen. Mit der Fleischbrühe aufgießen, aufkochen, dann die Semmelbrösel untermischen. Salzen, pfeffern und weitere 30 Minuten kochen lassen. Die kleinen Pilze zerteilen und zusammen mit dem Olivenöl nach und nach in die Suppe einrühren.
Dazu werden in Olivenöl angebratene Weißbrotwürfel gereicht.

Ristorante
La Parmigiana di Dei Carla
Piazza L. Orlando 8/10
Livorno

Nahe der Altstadt gelegen, verwöhnt »La Parmigiana« mit köstlichen Gerichten aus Fisch und Schalentieren. Sonntags und im Juli geschlossen!

Seebarben auf Livorneser Art
Triglie alla livornese

Für 4 Personen

60 g Olivenöl	*800 g Seebarben*
2 Knoblauchzehen	*Salz*
500 g geschälte Tomaten	*Petersilie*

Den Knoblauch in Öl anbraten, dann die Tomaten zugeben. Etwa 10 Minuten leise köcheln lassen. Die bereits gesalzene Barbe einlegen und mitkochen. Die gehackte Petersilie dazugeben und den Fisch in der Tomatensauce gar ziehen lassen.

Spaghetti alla Marinara

Für 4 Personen

400 g Spaghetti	*100 g Weißwein*
80 g Öl	*50 g Butter*
2 gehackte Knoblauch-	*Petersilie*
zehen	*Fleischbrühe*
400 g Muscheln	

In einem Topf das Olivenöl erhitzen und darin den Knoblauch anbraten. Den Wein und die Muscheln zugeben und so lange kochen, bis die Muscheln sich öffnen. Nun die Butter, etwas Fleischbrühe und die gehackte Petersilie einrühren und noch einmal 12 Minuten kochen lassen. In der Zwischenzeit die Spaghetti »al dente« kochen, dann die Muschelsauce darübergießen und sehr heiß servieren. Hierzu paßt sehr gut ein leichter Weißwein. Wir empfehlen den »Golestro«.

**Ristorante Soldaini
Di eredi buccianti**
Via Mazzini 11
Carrara

Soldaini ist das beste Restaurant der berühmten und viel-
besuchten Steinbruch-Stadt. Geschlossen am Montag und
den ganzen August.

Kalbfleisch in Marsala
Vitello di latte in salsa Macedonia

Für 6 Personen
1000 g Kalbfleisch   *2 Eidotter*
50 g Butter   *$\frac{1}{2}$ EL Mehl*
50 g getrocknete Pilze   *1 EL gehackte Zwiebel*
$\frac{1}{4}$ l Weißwein   *$\frac{1}{2}$ Fleischbrühe*
1 Glas Marsala

Die getrockneten Pilze gut waschen, trockentupfen und
kochen. In einer Kasserolle die Butter erhitzen, dann die
Zwiebel und das Kalbfleisch dazugeben und das Fleisch
von allen Seiten anbraten. Den Weißwein zugießen und
zur Hälfte verdunsten lassen. Nun den Marsala und die
ausgedrückten Pilze dazugeben, aufkochen lassen und
mit den mit Mehl verquirlten Eidottern binden. Die Brühe
zugießen. Alles köcheln lassen, dabei das Fleisch ab und
zu wenden.

BUCA SAN LORENZO

RISTORANTE

——————— di MOMINI LUCIANO & C. s.a.s. ———————

58100 Grosseto · Viale Manetti, 1 · Tel. (0564) 25.142

Gönnen Sie sich doch unterwegs einmal die Gaumenfreuden der Buca San Lorenzo in Grosseto. Sie ist freitags sowie vom 1.—16. Juni geschlossen. Von ihrem Koch bekamen wir ausgerechnet ein Rezept des kulinarischen Rivalen der Stadt, Livorno. Hier ist es:

Cacciucco auf Livorneser Art
Cacciucco alla livornese

Dies ist eine Variation des bekannten Cacciucco nach einem Rezept der »Buca San Lorenzo« in Grosseto.
Für den Sud werden alle Fischköpfe in Olivenöl angebraten, dann in reichlich Wasser mit 2 Lorbeerblättern und einigen Knoblauchzehen etwa 20 Minuten gekocht. Durch ein Sieb gießen und die Fischköpfe gut ausdrücken.
Die Fische und die Sauce werden nach dem Grundrezept für Cacciucco (s. S. 199 f.) zubereitet. Zum Schluß werden geröstete und mit Knoblauch gewürzte Weißbrotscheiben in die Teller gelegt und die Fischsuppe darübergegossen.

Küstenküche ist Fischküche

Dieser alte Spruch gilt auch heute noch für die Küste der Toskana, auch wenn die Fänge hier genauso wie in beinahe allen südeuropäischen Meeren kaum mehr nennenswerte Ergebnisse bringen. Fisch ist, das muß leider gesagt werden, im Mittelmeer rar geworden und wird immer noch seltener und kostbarer.

Er ist überall in Italien teuer, selbst direkt an der Küste. So entwickelt der Toskaner notgedrungen eine immer größere Vorliebe für den seit langem in Italien heimisch gewordenen skandinavischen Trockenfisch, den Stockfisch. Nennen Sie ihn *baccalà* oder *stoccafisso* oder *pesce bastone* — Rezepte wird man Ihnen in der ganzen Toskana, besonders aber in den Küstengegenden gerne in Fülle nennen, denn jede Familie und jedes Restaurant hat ein ganz spezielles, auf das man schwört. Sie werden den Trockenfisch auch auf allen guten Speisekarten finden.

Seezunge, die Feine unter den Seefischen, wird leider selbst hier oft gefroren verwendet, was das sehr empfindliche, zarte Aroma erheblich beeinträchtigen kann. Sie sollten deshalb selbst an der Küste, im Fischparadies also, sich ungeniert bestätigen lassen, daß sie wirklich frisch ist, ehe Sie *sogliola* im Restaurant bestellen. Sonst ist Fisch hier wenn auch teuer, so doch küstenfrisch und ausgesprochen

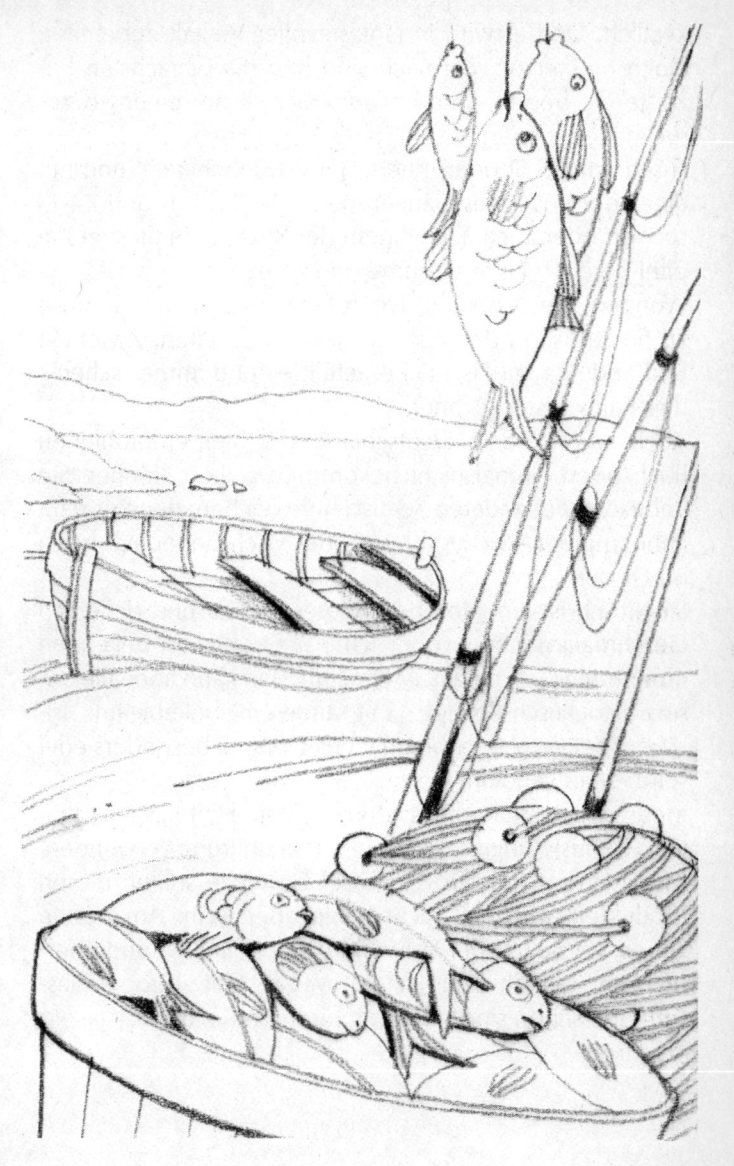

köstlich. Und er wird in fantasievoller Vielfalt zubereitet. Doch meiner Ansicht nach sind hier die einfachsten Rezepte die besten, gerade wenn es sich um einen so zurückhaltenden Grundstoff handelt wie Fisch.

Frisch vom Grill oder fritiert, mit Gefühl gekocht und mit einer der köstlichen Saucen (Rezepte S. 23 f. und 64 f.) serviert oder auch nach einem der Rezepte in diesem Kapitel bereitet: Fisch ist immer ein Genuß.

Wundern Sie sich nicht, wenn Fisch sogar beim Gemüse zu finden ist, in der Toskana werden Tomaten, Zwiebeln und anderes mit Fischfarce gefüllt — und immer scheckt dies ganz ausgezeichnet.

Auch wenn Sie in Deutschland die hier empfohlenen Fischsorten einmal nicht bekommen sollten, können Sie unbesorgt auf anderen Seefisch ausweichen, denn es paßt nahezu jeder. Wichtig ist, daß der Fisch unbedingt frisch ist.

Stockfisch ist ein ganz besonderes Kapital und sicherlich Geschmackssache, wobei ich ganz subjektiv bekennen muß: mein Geschmack ist er nicht! Man kann aber alle unsere Stockfisch-Rezepte mit anderem beliebigem, frischem Seefisch — er braucht nicht einmal besonders edel sein! — abwandeln.

Meeresfrüchte allerdings können Sie im Hinblick auf Qualitäts-Verluste ungesorgt aus der Tiefkühltruhe verwenden, Muscheln aus der Dose. Zuviel Gewürze sollten diesen Produkten allerdings nicht beigegeben sein. Am besten geben Sie sie vor der Verwendung auf ein Sieb und überbrausen sie kräftig mit kaltem Wasser. Gut abtropfen lassen, und schon sind sie bereit für Ihren Kochtopf.

Aal nach Florentiner Art
Anquilla alla fiorentina

1000 g Aal
1 Tasse Semmelbrösel
1 Tasse Olivenöl
2. Pressung
Salz
frischgemahlener weißer
Pfeffer

3 Knoblauchzehen
einige frische Salbei-
blätter oder 1 TL ge-
trockneten Salbei
$\frac{1}{8}$ l toskanischer Rotwein

Den Aal enthäuten und ausnehmen, den Kopf und die
Flossen abschneiden. Das Aalfleisch in fingerlange Stücke
schneiden. Gut waschen, abtropfen lassen, dann noch mit
Küchenkrepp trockentupfen. Im Semmelbröseln wenden.
Die Hälfte des Öls in einer Pfanne erhitzen, den Aal darin
bräunen. Aus dem restlichen Öl, dem gepreßten Knoblauch und gehacktem Salbei eine Sauce rühren, den Aal
damit während des Bratens öfter begießen, zuletzt salzen
und pfeffern. Die gebratenen Aalstücke in eine flache, feuerfeste Form legen. In die auf 180° vorgeheizte Röhre
schieben und noch 10 Minuten backen, dazwischen zweimal mit Wein begießen.

Aal mit Gemüse
Anquilla alla arezzina

1000 g Aal
1 Zwiebel
½ Petersilie
1 rote Paprikaschote
Salz
3 EL Olivenöl

frischgemahlener weißer
Pfeffer
500 g frische oder
Dosen-Tomaten
300 g junge TK-Erbsen

Den Fisch wie im Rezept S. 185 vorbereiten, in nur ca. 4 cm lange Stücke schneiden. Die Zwiebel hacken. Die Petersilie unter fließendem Wasser abbrausen, trockenschwenken und kleinschneiden. Die Paprikaschote vorbereiten und in Streifen zerteilen. Das Öl in einem Topf erhitzen, Zwiebel, Petersilie und Paprika darin anschmoren. Mit Salz und Pfeffer würzen, mit den Aal-Stücken bedecken, bei kleiner Hitze im geschlossenen Topf 15 Minuten garen, zwischendurch etwas Wasser angießen. Während der Aal gart, die frischen Tomaten vom Stielansatz befreien, mit kochendem Wasser überbrühen und enthäuten, vierteln. Die Dosentomaten abtropfen lassen und halbieren, mit 1 Tasse Tomatensaft aus der Dose weiterverwenden. Die Tomaten zum Fisch geben und bei milder Hitze weitere 15 Minuten garen. Inzwischen die Erbsen gesondert in wenig Salzwasser kochen. Dann den Fisch mit dem Schaumlöffel herausheben. Die Erbsen in den Topf geben. Alles vermischen, nachwürzen. Danach den Fisch wieder in den Topf legen. Alles zusammen bei sehr milder Hitze noch einige Minuten Aroma ziehen lassen.

Barben auf Schinken
Triglia con prosciutto

4 kleine Barben oder
andere Fische in Portions-
Größe
1 Zitrone
½ Tasse Olivenöl
Salz

frischgemahlener weißer
Pfeffer
10 Salbeiblätter
8 Scheiben roher Schinken
¼ l weißer toskanischer
Landwein

Die Fische vorbereiten, gut waschen. Die Zitrone auspressen. Eine flache feuerfeste Form mit Öl auspinseln. Die Fische nebeneinander hineinlegen. Das restliche Öl mit dem ausgepreßten Zitronensaft und reichlich Salz und Pfeffer vermischen. Die Fische damit beträufeln. Die Form mit Folie bedecken, den Fisch rund 3 Stunden Aroma annehmen lassen. Die Fische danach einzeln in je 2 Schinkenscheiben wickeln. Die Form mit der Hälfte der Salbeiblätter auslegen, den Fisch in Schinken darauflegen. Mit dem restlichen Schinken und Salbei bedecken. Den Wein dazugießen. Die Röhre auf 160° (Gas Stufe 2—3) vorheizen, den Fisch darin 30 Minuten garen. Zwischendurch mit dem restlichen gewürzten Öl beträufeln.

Forellen nach Apenninen-Art
Trote »Monti del Casentino«

4 Forellen oder andere
feine kleinere Fische
1 Tasse weißer
toskanischer Landwein
1 Zitrone
80 g Butter
1 Zwiebel
1 EL Mehl
½ Tasse kräftige
Würfelbrühe

Salz
frischgemahlener weißer
Pfeffer
100 g Steinpilze oder
andere Waldpilze (oder
ca. 30 g getrocknete,
vorgeweichte Steinpilze)
1 EL frischer oder
1 TL getrockneter Thymian

Die Forellen waschen. In eine flache Schüssel schichten und mit dem mit Zitronensaft vermischten Wein begießen, 30 Minuten marinieren. Dann die Fische abtropfen lassen und auf Küchenkrepp legen. In einer großen Pfanne ca. 3 EL Butter erhitzen. Währenddessen die Zwiebel schälen, fein hacken, dazugeben und glasig dünsten. Die Fische in Mehl wenden und dazulegen, auf beiden Seiten leicht anbraten. Mit der Marinade und der Brühe begießen, salzen, pfeffern und 10 Minuten leise köcheln lassen. Inzwischen die Pilze putzen, waschen, gut abtropfen lassen, zerkleinern und in der restlichen Butter anschmoren, mit Salz und Pfeffer würzen. Die Pilze kurz vor dem Servieren über die Fische geben. Im Originalrezept werden darüber noch Trüffelwürfel gestreut. Wir verzichten darauf und freuen uns über den Luxus, Steinpilze auf dem Teller zu haben. Kühler Weißwein aus der Toskana gehört unbedingt dazu.

Betrunkener Thunfisch
Tonno ubriaco alla livornese

2 EL Olivenöl
1 Knoblauchzehe
1 Zwiebel
1 EL gehackte Petersilie
4 Scheiben frischer
Thunfisch oder anderer
Seefisch am Stück

Salz
4 EL Mehl
$\frac{1}{8}$ l Chianti oder anderer
toskanischer Rotwein

In zwei Pfannen das Öl erhitzen. Inzwischen Knoblauch und Zwiebel schälen, fein hacken und mit der Petersilie dazugeben, so lange schmoren, bis Sie die Fischscheiben in gesalzenem Mehl gewendet haben. Den Fisch darauflegen, einige Minuten bei kleiner Hitze schmoren lassen. Erst danach den Fisch salzen und sofort servieren.

Auch so kann man alle Arten von kleineren Fischen, Fischen in Portionsgröße also, zubereiten:
Grillen Sie sie, mit Olivenöl und gepreßtem Knoblauch bestrichen, kurz auf dem Rost. Dies ist die Lieblingszubereitungsart der Toskaner. Die Fische werden dafür nur sehr gut gewaschen, trockengetupft und innen und außen mit Salz, frischgemahlenem weißen Pfeffer und beliebigen frischen gehackten Kräutern eingerieben, dann mit Olivenöl und gepreßtem Knoblauch bestrichen. Nach dem ersten Wenden wird der Fisch noch einmal mit bestem Olivenöl beträufelt.
Genauso lassen sich nicht zu dünne Scheiben von Kochfisch, aber auch Fischfilets, die man allerdings in Italien weniger liebt, grillen. Grill-Fisch wird immer mit Weißwein und kräftigem Weißbrot nach Toskana-Art serviert.

Gebratener Fisch mit Salbei
Pesce alle salvia

4 kleine Fische in Portions-
Größe
Salz
Mehl

100 g Butter
reichlich frische Salbei-
blätter, zur Not auch
getrockneter Salbei

Die vorbereiteten Fische gut waschen und trockentupfen. Innen und außen mit gesalzenem Mehl bestreuen. In der Pfanne in heißer Butter sanft braten. Inzwischen die Salbeiblätter unter fließendem kalten Wasser abbrausen, dann zum Abtrocknen auf Küchenkrepp legen. Diese Blätter oder zur Not auch getrockneten Salbei nach dem Wenden des Fischs dazugeben, mitbraten, dabei die Pfanne öfters durchschütteln.

Fischfilet wird in der Toskana selten verwendet, weil es extrem leicht verderblich ist und nur schwer ganz frisch zum Verbraucher kommt. Auf keinen Fall aber wird es einfach paniert und gebraten. Man bereitet es gerne zusammen mit Gemüse, wie hier:

Peperoni nach Fischer-Art
Peperoni al pescatore

4 große gelbe Paprika-
schoten
Salz
8 EL Olivenöl
2 Knoblauchzehen
$1/2$ Bund Petersilie
2 Möhren
1 Stange Bleichsellerie

600 g Seefisch-Filet
$1/4$ l weißer toskanischer
Landwein
1 Tasse kräftige Würfel-
brühe
frischgemahlener weißer
Pfeffer

Die Paprikaschoten waschen, den Stielansatz und das Kerngehäuse sorgfältig ausschneiden. Die Schoten mit 1 EL der herausgenommenen Kerne in Salzwasser 10 Minuten vorkochen. In einem Schmortopf, in dem die Paprikaschoten gerade nebeneinander Platz haben, das Öl erhitzen. Die geschälten, gehackten Knoblauchzehen, die abgebrauste, trockengeschwenkte und gehackte Petersilie, die geschrappten und kleingeschnittenen Möhren sowie die in Scheibchen geschnittene Selleriestange dazugeben. 5 Minuten schmoren. Inzwischen das Fischfilet waschen, abtropfen lassen, auf das Gemüse legen und mit Wein und Brühe begießen. Mit Salz und Pfeffer bestreuen und im geschlossenen Topf bei kleiner Hitze 5 Minuten köcheln lassen. Das Fischfilet mit dem Schaumlöffel herausheben, mit zwei Gabeln zerpflücken. Mit 4 EL Gemüsesaft begießen. Die vorgegarten Paprikaschoten auf das Gemüsebett setzen und mit dem Fisch füllen. In der auf 200° vorgeheizten Röhre (Gas Stufe 3) 30 Minuten schmoren.

Mein Tip: Bestreuen Sie die gefüllten Paprikaschoten in den letzten 10 Minuten Garzeit mit geriebenem Parmesankäse!

Seefischfilet auf Tomaten
Pesce con pomodori

600 g vollfreife frische oder ¹/₁ Dose geschälte Tomaten
4 EL bestes Olivenöl
1 Knoblauchzehe
frischer oder getrockneter Salbei, Rosmarin und Petersilie je nach Wunsch

600 g frisches Seefischfilet
Salz
frischgemahlener weißer Pfeffer
3 EL Parmesankäse, gerieben

Die frischen Tomaten vorbereiten, also den Stielansatz ausschneiden, die Tomaten mit kochendem Wasser überbrühen und enthäuten. Das Öl erhitzen. Den Knoblauch dazupressen und kurz anschmoren. Dann die geviertelten frischen oder die Dosentomaten mit dem Saft dazugeben, mit den Kräutern bestreuen und 30 Minuten im geschlossenen Topf bei kleiner Hitze garen. Inzwischen den Fisch gut waschen, dazulegen und 10 Minuten mitgaren. Mit Salz und Pfeffer bestreuen, mit dem Käse überstreuen und in der auf 200° (Gas Stufe 3) vorgeheizten Röhre noch 10 Minuten überbacken.

Ganz toskanisch und ganz besonders gut: Spicken Sie Fisch im Ganzen oder auch Fischfilet vor dem Garen mit Streifen von Sardellenfilets. Salzen erübrigt sich dann meist ganz oder muß sehr vorsichtig geschehen.
Für alle unsere Rezepte lassen sich statt portionsgroßer Fische oder Fischfilet auch Scheiben von großen Seefischen verwenden.
Natürlich wird auch in der Toskana *Fisch gedünstet:* In nicht zu heißem Salz-Essigwasser mit Kräutern und Sup-

pengemüse gar ziehen lassen. Reichen Sie dazu eine unserer toskanischen Saucenspezialitäten (s. Rezepte S. 23 f. und 64 f.).

Muscheln sind hier wie an jeder Küste aus der Küche nicht wegzudenken. Sie werden überall frisch und zudem noch preiswert angeboten. Muscheln bekommen Sie am besten in den Markthallen südlicher Länder. Auch bei uns kann man sie in den kalten Monaten oft frisch kaufen. Einfacher aber ist es, Muscheln aus der Dose zu verwenden. Sie sollen möglichst ohne viele Gewürze und andere Zugaben konserviert worden sein. Geben Sie sie auf ein Sieb, überbrausen Sie sie kräftig mit kaltem Wasser. Gut abtropfen lassen, dann kann man sie genauso wie frische Muscheln verwenden.
Frische Muscheln werden mehrmals in reichlich Wasser gewaschen, dann in einem großen Topf unter Zugabe der in den Rezepten erwähnten Gewürze und Kräuter bei starker Hitze gekocht, bis sich die Schalen öffnen. Die Muscheln mit dem Schaumlöffel herausheben und nach Rezept weiterbehandeln.
Hier nun einige typische Zubereitungsarten:

Muscheln nach Livorno-Art
Arselle alla livornese

1200 g frische Muscheln	*3 Eier*
und 1 Bund Petersilie oder	*Salz*
300 g Dosen-Muscheln	*frischgemahlener weißer*
1 Zwiebel	*Pfeffer*
3 EL Olivenöl	*½ Zitrone*

Frische Muscheln wie oben angegeben vorbereiten. Mit der gehackten Petersilie in reichlich Wasser kochen, dann herausnehmen. Die geschlossen gebliebenen Muscheln können nicht verwendet werden, man muß sie wegwerfen. Die geöffneten Muschelschalen auseinanderdrücken und das Fleisch herausnehmen. Den Muschelsud durch ein Sieb gießen. Die Zwiebel schälen, fein hacken. Das Öl in einem Topf erhitzen und die Zwiebel darin anbraten. Die Muscheln dazugeben. Die Eier mit Salz, Pfeffer und dem ausgepreßten Zitronensaft verquirlen, nach einer Minute Bratzeit über die Muscheln gießen und in 2—3 Minuten stocken, aber keinesfalls trocken werden lassen.

Sättigend für eine ganze kleinere Mahlzeit ist auch

Muschelsuppe
Zuppa di vongole

1200 g Muscheln	500 g Dosen-Tomaten
½ Bund Petersilie	frischgemahlener weißer
Salz	Pfeffer
6 EL Olivenöl	¼ l toskanischer Weißwein
1 Tütchen oder Döschen	4 Scheiben kräftiges, altes
Safran	Weißbrot
2 Knoblauchzehen	

Die Muscheln gut waschen. Mit der zerkleinerten Petersilie in reichlich Salzwasser bei großer Hitze kochen, bis sich die Schalen öffnen. Dann die Brühe durch ein Sieb gießen. Mit dem Öl, Safran und dem gepreßten Knoblauch verrühren. Die Tomaten mit dem Saft passieren oder mit dem Handmixstab pürieren, in die Muschelbrühe geben und im offenen Topf leicht einkochen lassen. Indessen das Muschelfleisch aus den Schalen lösen und mit dem Wein in die Tomatensauce geben, alles noch weitere 10 Minuten kochen lassen. Währenddessen das Brot in der Röhre rösten, je eine Seite in einen Suppenteller legen. Mit der nachgewürzten Suppe aufgießen und sofort servieren. Das Brot weicht nun auf und gibt der Suppe eine angenehme Konsistenz.

Muscheln nach Fischerinnen-Art
Vongole alla pescaiola

1500 g frische Muscheln oder ca. 300 g Dosen-Muscheln	*1 Zwiebel*
	3 Knoblauchzehen
¼ l toskanischer Weißwein	*½ Bund Petersilie*
500 g frische oder ½ Dose geschälte Dosen-Tomaten	*Salz*
	frischgemahlener weißer Pfeffer
3 EL Olivenöl	

Die Muscheln wie oben angegeben kochen. Währenddessen den Wein in einen zweiten Topf gießen. Frische Tomaten vom Stielansatz befreien, kreuzweise einschneiden, mit kochendem Wasser überbrühen und enthäuten, vierteln. Die Dosentomaten mit dem Saft verwenden. Die Tomaten zum Wein rühren, erhitzen. Während das Tomaten-Wein-Gemisch bei starker Hitze im offenen Topf köchelt (und dabei reduziert wird), die Zwiebel schälen und fein dazureiben, das Öl unterrühren. Den Knoblauch pressen, einrühren. Die Petersilie unter fließendem Wasser abbrausen, trockenschwenken, fein hacken und ebenfalls dazugeben. Die gekochten Muscheln aus den Schalen lösen und in die würzige Sauce geben. Diese Sauce noch mit

1 Tasse Muschelsud verrühren, das gibt ihr das spezielle Aroma. Zuletzt mit Salz und Pfeffer abschmecken.

Mein Tip: Ein Hauch von Safran macht das Gericht besonders fein. Safran ist übrigens in Italien etwas billiger als bei uns, ich nehme mir immer einen Vorrat davon mit nach Hause.

Große Muscheln können auch auf folgende originelle Art gereicht werden:

Gefüllte Muscheln
Muscoli ripieni

1200 g große Muscheln	*1 eingeweichtes Brötchen*
4 Knoblauchzehen	*1 Ei*
gehackte Petersilie	*Salz*
150 g Bratwursthack	*3 EL Olivenöl*
grobgeschroteter	*1 Zwiebel*
schwarzer Pfeffer	*¼ Bund Petersilie*
50 g Mortadella	*1 Dose Tomaten*

Die Muscheln gut waschen und in einem Topf mit reichlich Wasser, 2 gehackten Knoblauchzehen und etwas Petersilie kochen, bis sich die Schalen geöffnet haben. Inzwischen für die Füllung das Bratwursthack pikant mit Pfeffer und dem restlichen gepreßten Knoblauch würzen. Die Mortadella enthäuten, in feine Würfelchen schneiden. Mit dem gut ausgedrückten Brötchen, 1 EL gehackter Petersilie und dem Ei zum Bratwursthack kneten, bis eine glatte Masse entstanden ist. Das Öl in einer Kasserolle erhitzen. Die Zwiebel schälen, hacken, darin anschmoren. Dann die Tomaten durch ein Sieb dazupressen, 20 Minuten köcheln

lassen, die Sauce in eine feuerfeste Form gießen. Die geöffneten Muscheln (wie stets können auch hier die geschlossenen nicht verwendet werden!) mit der Fleischmasse füllen, wieder zusammendrücken und in die Sauce legen. Die Form in die auf 200° vorgeheizte Röhre schieben
und ca. 20 Minuten garen.

Frutti di mare, Meeresfrüchte also, werden meist fritiert.
Man kann sie aber auch folgendermaßen reichen; wir verwenden hier Tintenfisch:

Tintenfisch mit Erbsen
Sepia con piselli

600 g (bei uns TK-)Tinten-	*¼ l trockener weißer*
fisch	*Landwein*
2 Knoblauchzehen	*500 g reife oder*
3 EL Olivenöl	*½ Dose Tomaten*
2 EL gehackte Petersilie	*500 g Erbsen, ausgehülst*
1 Peperoncino	*gewogen (eventuell eben-*
Salz	*falls Tiefkühl-Ware)*
grobgeschroteter	
schwarzer Pfeffer	

Den Tintenfisch waschen und zerkleinern, Tiefkühl-Ware
auftauen lassen. Den Knoblauch schälen und fein hacken.
Das Olivenöl in einem Schmortopf erhitzen, den Knoblauch, die Petersilie, das Pfefferschötchen sowie den Tintenfisch dazugeben und unter Rühren durchschmoren. Mit
Salz bestreuen, den Wein dazugießen und die Sauce unter
Weiterschmoren einkochen lassen. Inzwischen frische Tomaten vom Stielansatz befreien, kreuzweise einschneiden, mit kochendem Wasser überbrühen. Die Haut abzie-

hen und die Früchte vierteln und entkernen, zum Fisch geben. Den Bräter bedecken und auf dem Herd bei kleiner Hitze oder in der vorgeheizten Röhre bei 175° (Gas Stufe 2—3) rund 2 Stunden lang köcheln lassen. Eventuell zwischendurch heißes Wasser nachgießen. Dann die Erbsen unterheben, alles noch $\frac{1}{2}$ Stunde garen. Mit Salz und grobem Pfeffer nachwürzen.

In Grosseto bereitet man aus Meeresfrüchten eine delikate dicke Suppe. Wenn man sie, wie dort im südlichsten Teil der Toskana, mit *fettunta*, dem in Öl mit Knoblauch angebratenen Weißbrot, ißt, ergibt das mehr als nur eine Vorsuppe, nämlich ein völlig sättigendes Hauptgericht.

Meeresfrüchtesuppe
Zuppa di frutti di mare

Sie brauchen dazu insgesamt 1200 g Tintenfisch, verschiedene Muscheln und Schalentiere (rund 750 g), aber auch mehrere Sorten Seefisch sollten dabei sein.

$\frac{1}{2}$ Tasse Öl	*Salz*
1 Bund Petersilie	*1 Peperoncino*
4 Knoblauchzehen (mindestens!)	*250 g Tomaten*
destens!)	*$\frac{1}{8}$ l toskanischer Weißwein*
3 Zwiebeln	

Das Öl in einem großen Topf erhitzen. Die grobgeschnittene Petersilie, den geschälten und gehackten Knoblauch und die ebenso vorbereiteten Zwiebeln sowie das kleingeschnittene Pfefferschötchen darin anbräunen. Mit $\frac{1}{2}$ l

Wasser aufgießen und alle Fische und Meeresfrüchte hineingeben, salzen. Wenn sich die Muscheln geöffnet haben, die gewaschenen, geviertelten Tomaten durch ein Sieb in die Suppe streichen, den Wein einrühren und alles noch 10 Minuten ziehen lassen.
Mit Salz und eventuell auch noch mit grobem Pfeffer nachschmecken.

Uns recht ähnlich erscheinend, jedoch nach Ansicht aller Küsten-Toskaner etwas ganz anderes und absolut nachkochenswert ist

Cacciucco

Dieser Fischtopf livornesischen Ursprungs wird in der ganzen toskanischen Küche mit wahrer Leidenschaft gegessen: süßlich ganz im Norden, sehr pikant in Livorno, außerdem in jedem Ort und in jedem Familien-Clan nach eigenen Rezepten, auf die man seit Jahrhunderten schwört. Der Duft, der über der Küste der Toskana liegt, sei mehr der nach Cacciucco als der nach Meer, habe ich irgendwo einmal gelesen. Zumindest außerhalb der Touristensaison, wenn die Einheimischen wieder unter sich sind und kochen, was ihnen schmeckt, mag das stimmen.
»Die Livorneser oder Viareggianer mögen nicht beleidigt sein, aber den wahren Cacciucco gibt's nur an der Maremma-Küste«, hat man uns gesagt. Wichtig dafür ist ein wenig Fisch-Kenntnis, denn die einzelnen Fische — und es müssen mehrere verschiedene Sorten sein! — dürfen nur je

nach ihrer speziellen Gardauer mitkochen. Für einen guten Cacciucco braucht man

200 g Fisch	*Salz*
300 g Schalentiere oder	*Pfeffer, weiß und fein*
Tintenfisch	*gemahlen oder schwarz*
4 Zwiebeln	*und geschrotet oder auch*
1 große Möhre	*beides gemischt*
1 Stange Staudensellerie	*$\frac{1}{8}$ l Weißwein*
4 Knoblauchzehen	*1 Dose Tomaten*
gut 1 Tasse bestes Olivenöl	

Die Zwiebel schälen und hacken, die Möhre vorbereiten, kleinschneiden. Bei der Selleriestange die Enden nachschneiden, entfasern, den Sellerie in feinste Streifen zerteilen. Den Knoblauch ebenfalls schälen und zerkleinern. 3 EL Öl in einem großen Topf erhitzen und alles Gemüse unter Umrühren anschmoren. Dann das restliche Öl zugießen und Tintenfisch und anderes, das lange Garzeiten benötigt, darin anbräunen. Nun wird der Wein dazugegossen — diese Reihenfolge wird für sehr wichtig erachtet! Den Wein im offenen Topf verdunsten lassen. Danach mit Wasser aufgießen, die Muscheln einlegen. Wenn sich ihre Schalen geöffnet haben, hebt man sie mit dem Schaumlöffel heraus und die Tomaten können eingerührt werden. Wenn nun auch der Tintenfisch und anderes mit langer Garzeit weich ist, ebenfalls mit dem Schaumlöffel herausnehmen. Nun, in der Reihenfolge der benötigten Garzeit, die Fische in den Sud legen, auch sie werden jeweils, wenn sie gar sind, herausgenommen. Der Sud ist nun schon entsprechend eingekocht. Er wird durch ein Sieb passiert und, wenn nötig, noch mit Wasser oder Weißwein auf die gewünschte Menge verlängert. Mit Salz und Pfeffer nachwürzen, alle Fische und Meerestiere wieder in die

Flüssigkeit geben und noch einmal erwärmen. Dabei können nach Belieben die Muscheln aus ihren Schalen genommen werden — einige sollten Sie aber, weil es besonders dekorativ ist und beim Essen viel Spaß macht, mit den Schalen weiterverwenden. Die Fische können von Kopf und Gräten befreit, in Stücke zerteilt, in der Suppe gereicht werden.

Dazu gehört kräftiges Weißbrot (bitte keinesfalls unser fades Toastbrot!). Es wird, in Scheiben geschnitten, auf beiden Seiten mit gepreßtem Knoblauch eingerieben, dann in der heißen Röhre geröstet und sofort serviert. Jeder beträufelt es vor dem Essen mit feinstem Olivenöl. Sie sollten sich diesen Genuß zumindest als Ergänzung zum Cacciucco nicht entgehen lassen.

Hier noch zwei weitere Fischsuppen-Rezepte:

Minestra auf Etrusker-Art
Minestra di pesce degli etruschi

Wenn Sie Fisch gekocht haben, gießen Sie die Brühe nicht weg. Sie bildet die Grundlage für unsere Fischsuppe nach uraltem Rezept. Der Fischsud wird mit etwas kräftiger Fleischbrühe vermischt. Sie können statt dessen aber auch gute Instant-Suppenwürze verwenden. Geben Sie nun reichlich gehackte Zwiebel, kleingeschnittenen Staudensellerie, gepreßten Knoblauch, frisches oder getrocknetes Basilikum und feingemahlenen oder grobgeschroteten Pfeffer (oder auch einen kleingeschnittenen Peperoncino) dazu. Außerdem gehört noch etwas frisches Fischfleisch in die Suppe, die nun 30 Minuten köcheln darf und dann durch ein Sieb passiert wird. Fritiertes Brot, das *quadrucci*, gehört dazu.

Fischsuppe mit Nudeln
Zuppa di pesce con paste

750 g gemischter Fisch	2 EL Öl
2 Zwiebeln	Salz
1 Stange Bleichsellerie	Pfeffer
½ Bund Petersilie	250 g Tagliatelle (breite
350 g reife Tomaten oder	Nudeln)
1 kleine Dose geschälte	
Tomaten	

Den Fisch vorbereiten, waschen und in mundgerechte Stücke schneiden, zum Abtrocknen auf Küchenkrepp legen. Inzwischen in einem Topf Wasser zum Kochen bringen, die Zwiebeln schälen und hacken, den Sellerie waschen, entfasern, das Gemüse kleinschneiden. Die Petersilie unter fließendem Wasser abbrausen, trockenschwenken und hacken. Frische Tomaten vom Stielansatz befreien, kreuzweise einschneiden, mit kochendem Wasser überbrühen und enthäuten. Dosentomaten mit dem Saft verwenden. Die Tomaten durch ein Sieb streichen oder mit dem Handmixstab pürieren. Den Fisch mit der Hälfte der gehackten Zwiebeln, Sellerie und 2 EL gehackter Petersilie ins Wasser geben und 5 Minuten köcheln lassen. Inzwischen das Öl in einem Topf erhitzen. Die restlichen Zwiebelwürfel darin anbräunen. Mit dem Tomatenpüree verrühren, salzen und pfeffern, köcheln lassen. Den Fisch auf einem Sieb abtropfen lassen und in der heißen Fischbrühe die Nudeln nicht zu weich kochen. Die Fischstücke in die Tomatensauce geben, 10 Minuten Aroma nehmen lassen. Die Nudeln abtropfen lassen, mit ½ l des Suds, der Tomatensauce und dem Fisch vorsichtig vermischen und alles zusammen noch einige Minuten durchziehen lassen.

Doch nun zum liebsten Fisch aller Toskaner, zum Stockfisch. Er wird immer aus Skandinavien, meist Norwegen, bezogen und später in der Toskana schon eingeweicht, also garfertig verkauft. Dabei unterscheidet man:

Baccalà. Dieser wird mit Salz getrocknet und deshalb mit wenig Salz gegart. Das Einweichwasser muß öfter erneuert werden, damit dem Fisch alles Salz entzogen wird. Beim Einkauf sollte *baccalà* mild sein, es muß aber geprüft werden, ob das Wässern wirklich sorgfältig geschehen ist.

Stoccafisso hingegen wurde einfach nur getrocknet. Man kann statt dieser Verballhornung des Englischen *stockfish* auch den (allerdings weniger gebräuchlichen) italienischen, wörtlich übersetzten Ausdruck *pesce bastone* benutzen. *Stoccafisso* muß länger eingeweicht werden als *baccalà*, aber auch das sollte bereits der Händler für Sie erledigt haben. Wenn Sie den Trockenfisch selbst wässern wollen: *Baccalà* braucht dafür rund 24 Stunden, *stoccafisso* drei Tage unter ständigem Erneuern des Einweichwassers.

Der aufgeweichte Fisch wird noch einmal unter fließendem Wasser abgespült, dann zieht man die Haut ab, tupft das Fischfleisch trocken, schneidet es in Stücke und verwendet es nach Rezept.

Stockfisch, Florentiner Art
Baccalà alla fiorentina

600 g Stockfisch, einge-
weicht gewogen
½ Tasse Olivenöl
4 Knoblauchzehen
Mehl zum Wenden

300 g frische vollreife oder
1 kleine Dose Tomaten
frischgemahlener
schwarzer Pfeffer
viel frisches oder
getrocknetes Basilikum

Den Fisch noch einmal unter fließendem Wasser abbrausen, trockentupfen und in Stücke schneiden. Das Öl in einer großen Pfanne erhitzen. Die geschälten, geviertelten
Knoblauchzehen darin anschmoren. Den Stockfisch in
Mehl wenden, dazugeben. Von beiden Seiten Farbe nehmen lassen. Inzwischen die frischen Tomaten vom Stielansatz befreien, kreuzweise einschneiden, mit kochendem
Wasser überbrühen und enthäuten. Frische wie Dosentomaten pürieren, zum Fisch geben. Gut pfeffern, eventuell
noch vorsichtig mit Salz abschmecken und mit Basilikum
bestreuen, alles zusammen bei kleinster Hitze noch 10 Minuten garen.

Stockfisch nach Pisaner Art
Stoccafisso alla pisana

600 g Stockfisch, einge-
weicht gewogen
Mehl und Semmelbrösel
zum Panieren
3 Knoblauchzehen
½ Bund Petersilie
1 Tasse Olivenöl
Salz

grobgeschroteter
schwarzer Pfeffer
edelsüßes Paprikapulver
300 g reife frische oder
enthäutete Dosentomaten
¼ l toskanischer Rotwein
Salz
2 Kartoffeln

Den eingeweichten Stockfisch in Stücke zerteilen. In dem mit den Semmelbröseln vermischten Mehl wenden. Die Knoblauchzehen schälen und hacken. Die Petersilie unter fließendem Wasser abspülen, trockenschwenken und fein schneiden. Beides im Öl in einem Topf anbraten. Den Fisch dazugeben und von beiden Seiten anbräunen, dann salzen. Mit Pfeffer und Paprika bestreuen. Inzwischen die frischen Tomaten vom Stielansatz befreien, kreuzförmig einschneiden, mit kochendem Wasser überbrühen, enthäuten und dazugeben. Dosentomaten werden mit dem Saft eingerührt. Bei milder Hitze im geschlossenen Topf zwei Stunden köcheln lassen, dabei, wenn nötig, öfter etwas Brühe dazugießen. Wenn der Fisch gar ist, die Kartoffeln schälen, fein reiben und einrühren, noch 10 Minuten mitgaren.

Junger, moussierender Rotwein ist ideal dazu.

Stockfisch-Klößchen
Polpette di baccalà

600 g eingeweichter
Stockfisch
1 Bund Petersilie
4 Knoblauchzehen
schwarzer, grobgeschrote-
ter Pfeffer
1 eingeweichtes Brötchen

3 Eigelb
1 Ei
Mehl zum Wenden
Öl zum Fritieren
1 rote Paprikaschote
4 reife Tomaten

Den Stockfisch fein hacken. Die Petersilie unter fließendem Wasser abspülen, trockenschwenken und hacken.
Den Knoblauch schälen und klein schneiden. Den Stockfisch mit der Hälfte von Petersilie und Knoblauch sowie
dem eingeweichten Brot verkneten (noch besser: mit dem
Handmixstab pürieren oder durch den Fleischwolf trei-
ben). Mit 3 Eigelb verkneten. Daraus etwa tischtennisball-
große Klößchen formen, zuerst in verquirltem Ei, dann in
Mehl wenden. Bei 180° im heißen Öl goldgelb fritieren. Inzwischen 3 EL Öl in einem Topf erhitzen, restlichen Knoblauch und Petersilie sowie die vorbereitete, zerkleinerte
Paprikaschote darin andünsten. Die Tomaten enthäuten,
pürieren und dazugeben, mitdünsten. Die fritierten Klößchen in diese Sauce legen, einige Minuten durchziehen
lassen. Erst danach die Sauce sehr vorsichtig mit Salz abschmecken.
Übrigens schmecken die Klößchen auch ohne Sauce vorzüglich!

Mein Tip: Bereiten Sie die Sauce schon, ehe die Klößchen
fritiert werden, sie kann dann lange durchköcheln und
Aroma annehmen. Die Zugabe von $\frac{1}{4}$ l Rotwein tut ihr gut!

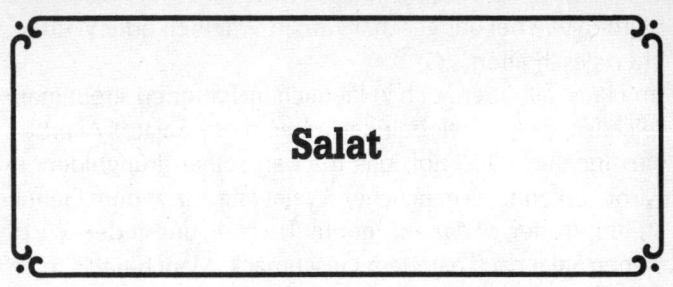

Salat

Salat wird in der Toskana zu jeder Mahlzeit gereicht — und zwar zusätzlich zum Gemüse, besser gesagt, nach dem warmen Hauptgericht.

Wenn Sie an anderer Stelle für die uns kulinarisch interessierende Region öfters Rezepte für die abenteuerlichsten Salat-Kompositionen finden, dann seien Sie versichert, daß sie nicht authentisch sind. Sowohl in guten und wirklich typischen Restaurants wie auch am Familientisch wird der Salat so gereicht, wie wir es Ihnen hier empfehlen.

Grundsätzlich werden die Zutaten für den Salat jeden Tag frisch eingekauft und sorgfältig ausgewählt. Man bereitet sie genauso vor wie bei uns, wäscht sie sehr gut und schwenkt sie trocken. Die Anschaffung einer Salatschleuder lohnt sich für jeden Frische-Fan.

Blattsalat wird in allen Variationen geschätzt: vom grünen Kopf- über den roten Radicchio-Salat bis zum winterlichen Endivien. Abweichend gegenüber unseren Eßgewohnheiten wird er nie zu sehr zerkleinert!

Im Frühling werden die ebenso apart schmeckenden wie leber-»streichelnden« jungen Löwenzahnblätter gern verwendet. Die Tomaten sind immer sonnenreif und deshalb süß und aromatisch. Sie werden öfter in Viertel als in Scheiben geschnitten. Möhren raffelt man grob, Gurken werden wie bei uns geschält und in Scheiben oder Würfelchen geschnitten.

Im Haushalt, aber auch in ländlichen Trattorien streut man reichlich dicke Zwiebelringe über diese Salate. Allerbestes Jungfern-Olivenöl, das man an seiner grüngoldenen Farbe erkennt, vorzüglicher Weinessig, Salz und Pfeffer stehen in der *oliera* auf jedem Tisch — und jeder würzt seinen Salat nach eigenem Geschmack. Manchmal wird er auch vom Hausherrn, als hohe Ehre für Tischgäste, ganz zeremoniell angemacht.

Übrigens ist die *oliera,* die Menage für Öl-, Essig-Flasche, Salz- und Pfefferstreuer also, in Italien in reicher Auswahl und preiswert zu haben.

Mein Tip: Neben Essig (probieren Sie doch auch einmal den edelsten, den allerdings etwas nördlich des Apennin in Modena hergestellten würzigen *Aceto balsamico*) und Olivenöl erster Pressung ist eine *oliera* ein viel besseres Mitbringsel als Urlaubsandenken. Sie sollte natürlich auch auf Ihrem eigenen Eßtisch nicht fehlen, denn zumindest das Salat-Zeremoniell sollten Sie aus der Toskana voll und ganz übernehmen.

Von Siena bis zum Monte Amiata: Gutes aus der toskanischen Kornkammer

Um vorweg zu sagen, was Sie wohl beim Lesen dieses Kapitels auch selbst spüren werden: Diesen Teil der Toskana liebe ich am meisten, hier fühle ich mich heimisch im wahrsten Sinne des Wortes.

Die Landschaft ist viel weniger romantisch und lieblich, als wir uns die Toskana gemeinhin erträumen. Streng und ernst — und doch oder gerade deshalb von vollendeter Schönheit, erstrecken sich die Hügel, an deren Saum (noch) schwarze Zypressen zwischen breit ausladenden Pinienschirmen in den Himmel steilen. Dazwischen immer wieder die schroff abgebrochenen *crete,* eine charakteristische Erdformation aus uralter Zeit von ganz eigenartigem Reiz.

Hier ist die Toskana noch am ursprünglichsten. Gemüse und Wein wachsen im Garten am Haus. Die Felder sind im Frühling und Frühsommer von Getreide, oft auch von Sonnenblumen und Mohn bestanden. So ergeben sich, akzentuiert durch das Silber der Oliven, das überall dazwischengetupft ist, Farben, die jeden Maler entzücken.

Ist das Getreide geerntet, bemächtigen sich dürres Gras und Gestrüpp des Bodens. Nun ist die Zeit der Schafherden, oft auch der freiweidenden sehnigen dunklen Schweine.

Die Sonne brennt jetzt die Erde zu groben, trockenen harten Schollen in verschiedensten Brauntönen, Farbe und Form verdichten sich in karger Reinheit zu klarster Harmonie.

Die tiefeingeschnittenen, nie ganz ausgetrockneten Wasserläufe nehmen die Grün- und Brauntöne auf und schimmern nur dort, wo sich der Himmel darin spiegelt, blau.

Im dünnbesiedelten Süden der Region schwirren noch Bienen und singen Vögel (und im Frühsommer schlägt im Dunkel oft schmachtend und ganz altmodisch die Nachtigall).

Der Frühling duftet hier nach Wiesenblumen, später dann nach Mohn, und den ganzen Sommer hindurch ist die Luft erfüllt vom Duft des Heus und der herben Kräuter der Macchia. Oliven und Korn sind die Produkte, die das Land seinen Bewohnern schenkt — beides vom Besten. Kein Wunder, daß hier das kraftvoll-würzige, nie ganz weiße Brot, beträufelt mit bestem Öl und gewürzt mit Knoblauch, mehr geschätzt wird als alle raffinierten Leckerbissen — und das seit mehr als zweitausend Jahren.

Doch ehe wir uns weiter dem Kulinarischen zuwenden, hier kurz eine Exkursion durch das Gebiet.

Wer *Siena* nicht kennt, weiß nichts von der Toskana, ja, eigentlich nichts von Italien. Das sagen nicht nur die Sienesen. Diese mittelalterliche Stadt hat Atmosphäre wie kaum eine andere, Tradition begegnet einem auf Schritt und Tritt. Ihre Silhouette ist seit den Zeiten des Mittelalters unverändert, die Straßen und Plätze sind eine Art Freiluftmuseum, und doch zugleich erfüllt vom quirlenden und brodelnden Leben der rund 70 000 Einwohner, der Studenten der ehrwürdigen Universität und nicht zuletzt der Flut von Touristen.

Sitten und Gebräuche werden fast nirgendwo so großgeschrieben wie hier. Noch ist man stolz auf den vor mehr als

sieben Jahrhunderten errungenen Sieg über das mächtige Florenz, man betrachtet die heilige Caterina eher als eine geschätzte und vertraute Nachbarin denn als die santissima von Italien.

Der Palio, jährlich (jetzt mehrmals) stattfindende Reiterspiele auf dem prächtigen Halbrund des Campo, ist viel mehr als nur ein Schauspiel in mittelalterlichen Kostümen. Die ganze Stadt identifiziert sich voll mit den Pferden und Reitern, die die Symbole des jeweiligen Stadtteils, sei es Schnecke oder Stachelschwein, Adler, Giraffe oder Schildkröte, würdig zu vertreten wissen.

Mein Tip: Die *contrade,* die einzelnen Stadtteile also, bewirten rund ums Jahr an einem Tag der Woche in einem speziellen Lokal Gäste mit einheimischen Speisen und Getränken. Zwar wird damit teilweise das sehr kostspielige Rennen finanziert, doch speist man viel preiswerter als im Lokal — und dazu noch viel stimmungsvoller, denn natürlich sind auch die Sienesen der *contrada* mit von der Partie. Diese Atmosphäre können Sie nirgends anders erleben!

Was schon für Florenz gesagt wurde, gilt auch hier: Die vielen bezaubernden Details im Stadtbild sollten Sie unbefangen beim Bummel durch die Straßen in sich aufnehmen. Doch ist ein Kunstführer unentbehrlich zum Nachblättern, denn nur mit seiner Hilfe werden Sie die verborgenen Schönheiten in Höfen, Kirchen und Museen entdecken.

Einkaufen sollten Sie in Siena Ricciarelli und Panforte, zwei sehr üppige, köstliche Süßigkeiten. Für beide finden Sie auch ein Rezept in unserem dolci-Kapitel, doch Sie wissen ja: An Ort und Stelle eingekauft schmecken Spezialitäten am besten.

Sind Sie von Florenz her auf der *raccorda,* der (gebühren-freien) Autostrada gekommen, ist Ihnen sicher wenige Kilometer vor der Stadt die einzigartige Kulisse der noch ganz in ihrem alten Mauer- und Turmkranz erhaltenen Bergfeste *Monteriggioni* aufgefallen. Einen Abstecher dorthin sollten Sie unbedingt einplanen.

Weil sich nur abseits von der Autobahn die Schönheit der Landschaft voll erschließt, wählt man am besten die Staatsstraße 2, die im alten Rom so bedeutende Via Cassia, zur Fahrt nach Süden. Sie folgt noch ganz dem einstigen Verlauf, mit vielen Kurven und dem Auf und Ab der Hügel, wird allerdings von Jahr zu Jahr mehr durch neu ausgebaute Strecken ersetzt.

Sehenswert ist, rund 20 km von Siena entfernt, das noch ganz von einer Mauer umschlossene *Buonconvento,* wo 1313 der deutsche Kaiser Heinrich VII. auf dem Heimweg von einer Romfahrt am Fieber starb.

Von hier zweigt die Straße nach Osten zum mächtigen Kloster *Monte Oliveto Maggiore* ab. Die Fahrt durch eine beinahe unbesiedelte Hügellandschaft, Della-Robbia-Terracotten am Torhaus, ein Fußweg durch eine prachtvoll-ernste Zypressenallee und der um 1500 von keinen Geringeren als den Malern Signorelli und Sodoma ausgemalte Kreuzgang lohnen den Abstecher bestimmt.

Bei der Weiterfahrt auf der SS 2 ist *S. Quirico d'Orcia* der nächste Ort, wo ein besonderes Kunstwerk auf Sie wartet: die Collegiata-Kirche aus dem frühen Mittelalter mit kunstgeschichtlich außergewöhnlich interessanten Portalen (und dazu ein so intaktes traditionelles Straßenbild und Leben, daß hier und in der Umgebung laufend nostalgische Filme gedreht werden).

Von hier aus sollten Sie das Bergstädtchen *Montalcino* besuchen: Sie finden dort steile, enge, uralte Straßen und Plätze und genießen überall märchenhafte Ausblicke auf das Land.

Dies ist übrigens die Heimat des »Brunello di Montalcino«,

des wertvollsten Weins der Toskana, dem Sie in unserem Weinkapitel wiederbegegnen werden. Mindestens eine Flasche kaufen, auch wenn er teuer ist!

Wendet man sich von San Quirico aus nach Osten, steigt schon nach wenigen Kilometern *Pienza* in den seidigblauen Himmel. In dieser winzigen Stadt verwirklichte der Renaissance-Papst Pius II. wenigstens teilweise seinen Traum, seine Heimatstadt in Vollkommenheit neu zu erbauen. Was für Kunsthistoriker ein Muß ist, sollten Sie als kleine Freude in Ihre Urlaubsreise einbauen: einen Besuch in Pienza, der Mini-Renaissancestadt. Mein Einkaufstip: Pecorino und Olivenöl erster Pressung, das hier noch relativ preisgünstig zu haben ist.

Wenn Sie weiter auf der SS 2 fahren, zweigt nur zwei Kilometer nach San Quirico die Straße zu einem uralten Mineralbad, nach *Bagno Vignoni,* ab: mit elf starken Quellen, die ein einfaches Kurhaus und ein Freiluft-Thermalbad speisen, und mit zauberhaftem Blick auf die gegenüberliegende Burg und einem Hotel (meinem Lieblingshotel!) mit typischen Toskana-Köstlichkeiten.

Am Fuß des Monte Amiata gibt's dann noch einmal eine Thermalquelle in ländlicher Umgebung: *San Filippo,* hauptsächlich von Italienern besucht.

Wenn Sie Zeit haben, dann besteigen Sie den Monte Amiata mit seinen 1738 Metern Höhe! Er lohnt die Wanderung und ist im Winter ein beliebtes Skigebiet.

Lassen Sie uns einen Bogen zur östlichen Toskana machen: Zuerst führt der Weg über das auf einem Bergkegel ragende, burggekrönte Radicofani, das noch heute so ursprünglich ist, daß man dort nicht einmal DM einwechseln kann!

Entweder direkt auf malerisch gewundenen Seitenstraßen durch endlose Hügel oder auf bequemer Hauptstraße, was allerdings etwas weiter ist, kommt man nach *Chiusi,* ehemals eine bedeutende Etruskersiedlung mit vielen Funden und sogar noch Bauteilen aus dieser Zeit, mit einem mittelalterlichen Dom und typisch toskanischen Straßen. Sie sollten es zumindest kurz besuchen, dann aber geht es weiter nach *Chianciano Terme,* dem bedeutendsten Kurbad der südlichen Toskana, ja, einem der bedeutendsten von Italien überhaupt. Vor allem Leberleiden können hier gebessert werden. Mein Tip: Wenn Sie hier übernachten wollen, sollten Sie sich Quartier oder wenigstens einen Tisch zum Abendessen im nahen Chianciano, dem ursprünglichen, uralten Ort suchen.

Auf keinen Fall versäumen auf dieser Reise dürfen sie *Montepulciano,* einen rundum wunderschönen, atmosphärisch dichten Ort, in dem sich romanische und Renaissance-Bauten mit einem Hauch von Barock geschmückt haben.

Von hier kommt der vorzügliche »Vino Nobile di Montepulciano«, einer der besten Weine Italiens überhaupt. Wenn Sie müde sind vom Bummel durch die steilen Gassen: Am Fuß der Stadt gibt es zwei »Erholungspunkte« für Kenner: die stilreine Renaissance-Kirche San Biagio, auf freier Wiese gelegen, und die Fattoria »Pulcino«, wo Sie ebenso gut essen wie Kräutererzeugnisse, Wein, Wurst und Öl einkaufen können.

Beenden Sie Ihre Rundreise mit einem Blick auf das von den Etruskern gegründete und im Mittelalter von den Medici als Festung ausgebaute stimmungsvolle Bergstädtchen Cortona und, auf dem Weg zurück nach Florenz, mit dem Besuch von *Arezzo.* Hier erwarten Sie der auf luftiger Höhe gelegene gotische Dom, eine Kirche, San Domenico geweiht, die als Kostbarkeit ein Kruzifix von Cimabue birgt, und die Kirche San Francesco mit den weltberühmten Fresken von Piero della Francesca.

Was die Stadt sonst noch an Schönem zu bieten hat, begegnet Ihnen unübersehbar auf Schritt und Tritt. Hier, wie überall in der Toskana, ist das Gestern erfüllt von modernem Leben.

Doch nun zu den besten Restaurants dieser Gegend und ihren uns freundlicherweise zur Verfügung gestellten Rezepten.

Buca di S. Francesco
Via S. Francesco, n. 1
Arezzo

Nahe der Kirche San Francesco mit den innig empfundenen Fresken des Piero della Francesca, befindet sich die »Buca di S. Francesco«, selbst ein Kunstgenuß, der den Besuch lohnt: Die Innenausstattung aus dem 14. Jahrhundert bildet den entsprechenden Rahmen für die vorzüglich zubereiteten Gerichte der Gegend. Geschlossen Montag abends, dienstags und im Juli.

Weiße Bohnen »Ucelletto«
Fagioli all'ucelletto

In Olivenöl einige Knoblauchzehen und reichlich Salbeiblätter anbraten. Wenn der Salbei braun zu werden beginnt, enthäutete und entkernte Tomaten zugeben. Die bereits gekochten Bohnen in die Tomatensauce rühren, salzen und pfeffern. Ungefähr $\frac{1}{2}$ Stunde bei milder Hitze köcheln lassen, dabei ab und zu etwas vom Kochwasser der Bohnen zugießen.

Mein Tip: Dieses Rezept bildet die Grundlage für viele unserer Fagioli-Gerichte (siehe S. 118 ff.). Es wird gerne und häufig auch im Haushalt als Beilage bereitet.

Kaninchen in Wein
Coniglio in umido

Ein Kaninchen in mundgerechte Stücke zerteilen. Öl in einer großen Pfanne erhitzen, 3 gehackte Knoblauchzehen, Rosmarin und Salz zugeben, dann die Kaninchenstücke darin anbraten. Ein Glas Wein zugießen und wenn die Flüssigkeit verdunstet ist, passierte Tomaten zugeben. Alles köcheln lassen, dabei ab und zu mit etwas Brühe aufgießen.
Ein ähnliches, genauer beschriebenes Rezept für dieses in der Toskana ganz besonders beliebte Gericht finden Sie auf S. 80.

Hotel Minerva
Via Fiorentina 2, Arezzo

Ein komfortables Neubau-Hotel. Lassen Sie sich durch die Nüchternheit des Speisesaals nicht abschrecken: Hier ißt man preiswert und vorzüglich! Geschlossen vom 1.—18. August.

HOTEL MINERVA
AREZZO

Hier eines der Rezepte, das sich leicht zu Hause nachkochen läßt:

Hühnersuppe »Minerva«
Zuppa di pollo »Minerva«

Ein Huhn mit einer Zwiebel, etwas (Stauden-)Sellerie und in Streifen geschnittenem fetten Speck füllen, dann in Rinder-(Würfel-)Brühe weich kochen. Eine Möhre, etwas Sellerie, eine Zwiebel und eine Knoblauchzehe fein hacken, in Butter anbräunen, etwas Weißwein dazugießen. Das Huhn aus dem Sud nehmen, die Brust ablösen und in Stücke schneiden, dann in der Pfanne kurz mitgaren. Das restliche Fleisch von den Knochen lösen, durch ein Sieb passieren. In die Brühe zurückgeben und die Sauce mit den Bruststücken einrühren. Salzen und etwa 20 Minuten kochen lassen. Mit leicht geröstetem, gebuttertem Weißbrot servieren.

Bagno Vignoni, das uralte malerische Thermalbad bei San Quirico, haben wir Ihnen schon in unserem kleinen Reiseteil vorgestellt. Dazu sei noch kurz gesagt: Diese Quellen suchte bereits Lorenzo il Magnifico auf, der glanzvolle Medici-Herrscher, hier bauten die Piccolomini einen (schlichten) Renaissance-Palast und hierher schickte man die heilige Caterina zur Wiedererlangung ihrer Gesundheit. Montaigne, der große Reisende, beschrieb im 16. Jahrhundert das Bad genau so, wie es sich heute präsentiert. Neu ist lediglich das von der Familie Marcucci vorzüglich geführte Hotel mit Thermal-Bad im Freien.

ALBERGO POSTA
Bagno Vignoni

»La Posta« ist das ganze Jahr über geöffnet und rundum ideal, weil sich's von dort aus gut wandern und auf Kunst-Entdeckungsreisen gehen läßt. Und weil das Wasser im Mineral-Becken zu jeder Jahreszeit rund 30° aufweist.
Ich liebe besonders die einfache, doch stets mit besten Produkten und mit Sorgfalt geführte Küche. Im Folgenden ein paar Rezepte von Signorina Marcucci. Zuerst eine ebenso schlichte wie überaus köstliche Spezialität der südlichen Toskana, die

Panzanella

Trockenes Weißbrot wird in gerade soviel Wasser eingeweicht, daß es eben weich wird. Dann das Brot ausdrükken, es muß bröselig sein. Mit Salz und bestem Weinessig

würzen und mit kleingeschnittenen Tomaten, Zwiebeln, Sellerie und Gurken vermischen. Gehacktes Basilikum dazugeben. Thunfisch aus der Dose abtropfen lassen, zerpflücken und unterheben.
Ein Sommeressen, wie man es sich besser nicht wünschen kann!

Zwiebelcreme-Suppe
Creme di cipolle

Zwiebeln (pro Person ca. 1 große) schälen und hacken, in wenig kräftiger Brühe weich kochen. Inzwischen aus Butter und Mehl eine helle Schwitze bereiten, mit Milch und Brühe aufgießen und kräftig durchkochen. Die Zwiebeln in diese sehr sämige Suppe rühren, mit Salz und frischgemahlenem weißen Pfeffer abschmecken. Die Suppe wird mit winzigen, frisch in Butter gerösteten Weißbrotwürfelchen serviert.

Nudeln nach Fischerart
Penne alla pescaiola

Die Teigwaren (in der »Posta« nimmt man dafür die schräg abgeschnittenen Röhrennudeln, die *penne*) in Salzwasser nicht zu weich kochen. Rohen Schinken in feine Streifen schneiden. Mit reichlich Kapern und Oliven und einigen Peperoncino-Stückchen anrösten. Einige durchpassierte Tomaten dazugeben und durchköcheln lassen und die gekochten *penne* unterheben. Mit Salz abschmecken. Die Sauce muß dickflüssig, pikant und »kurz« sein und die Nudeln eben umhüllen. Dazu gehört geriebener Parmesankäse.

Toskanische
Käse-Spezialitäten

Käse ist, wie in allen romanischen Ländern, hier eine besondere Köstlichkeit, die, zusammen mit Brot und Wein, bereits zur kulinarischen Glückseligkeit genügt! Der Toskaner verzichtet auch bei keiner der beiden Hauptmahlzeiten darauf. Käse hat seinen festen Platz zwischen Salat und Obst oder Süßspeise.

Sie können, hauptsächlich in den hügeligen, ländlichen Gegenden, Käse beinahe überall in den *fattorien* kaufen. Schilder weisen oft darauf hin. Wenn Sie ihn im Geschäft mitnehmen wollen: Man hält es für selbstverständlich, daß Sie vor dem Entschluß zum Kauf ein Stückchen probieren!

In Deutschland ist es nicht einfach, gerade die charakteristischsten toskanischen Sorten zu bekommen, denn der liebste Käse der Toskaner, der *ricotta,* hält sich nur wenige Tage frisch, den *pecorino* (mit einem Anteil Schafsmilch) ißt man am liebsten selbst und exportiert ihn nur äußerst sparsam.

Sie sollten deshalb bei einem Toskana-Besuch ungehemmt in Käse schlemmen. *Pecorino* läßt sich auch, in ein feuchtes Tuch gewickelt, mit nach Hause nehmen und einige Tage aufbewahren. Je älter dieser Käse ist, um so haltbarer ist er auch! Sie bekommen ihn in guten Geschäften in der Region in mindestens drei Reifestufen.

Pecorino ist eine ganz besondere Spezialität. Sein Name leitet sich vom *pecora,* dem Schaf, her. Das besagt, daß dieser Käse traditionell aus Schafsmilch hergestellt wird. Er ist sehr würzig, aber nicht salzig. Je nach Herstellungs- bzw. Gerinnungsart der Milch schmeckt Pecorino mehr oder weniger süßlich-nußartig, hat aber immer je nach Landschaft sein ganz eigenes Bukett.

Ganz nach den Kräutern der sonnendurchtränkten Weiden schmeckt der Käse, der aus Milch der in den südlichen Hügeln freilebenden Schafe hergestellt wird. Sie können wählen zwischen dem aus der Gegend von Arezzo kommenden Pecorino »del Casentino«, dem Sieneser »di Chiusure« und dem besonders aromatischen von den Herden der Maremma, dem »Amiatino«. Ich liebe am meisten den aus der Gegend von Pienza, wo man am ersten September jeden Jahres sogar ganz groß das Pecorino-Fest feiert.

Mein Tip: Wenn Sie zu dieser Zeit in der Gegend sein sollten, unbedingt an diesem echten Volksfest teilnehmen!

In der Gegend um Lucca, wo, aus der Emilia und vom nahen Parma kommend, sich schon der Einfluß der Kuh bemerkbar macht, mischt man für den Pecorino Schaf- und Kuhmilch, genauso wie bei den »formaggette« aus Massa Carrara. Das ergibt einen süßeren, doch weniger fetten und würzigen Käse.

Ganz besonders mild ist der *marzolino,* der im Frühling hergestellte Pecorino. Da die Schafmilch zu dieser Zeit meist für die Lämmchen gebraucht wird, ist sie so rar, daß der Marzolino nur in kleinen Laiben hergestellt werden kann.

Andere toskanische Käse-Spezialitäten sind der *raveggiolo* aus Kuhmilch, ein sehr heller, gelblicher Käse von besonders zartem Aroma und der *brancolino,* ein vorzüglicher Kuhmilch-Käse.

Bleibt noch vom überaus köstlichen *ricotta* zu sprechen. Er wird aus der Molke des Pecorino gewonnen, ist zart, sahnig und schneeweiß mit einem Hauch von Schafkäse-Aroma. Ricotta muß ganz frisch gegessen werden. Man bestreut ihn mit grobem Pfeffer und wenig Salz oder mit etwas Zucker.

Besonders gut eignet er sich in der Küche für die Füllung von Tortellini, für Gnocchi, aber auch für alle Süßspeisen.

Wir haben in unseren Rezepten, wenn in der Toskana Ricotta verwendet wird, Schichtkäse empfohlen. Aber Sie können auch Hüttenkäse nehmen.

Desserts

Ganz gleich, ob nach den warmen Gängen Käse genommen wird oder nicht: Etwas Süßes ist als Schlußpunkt unerläßlich.

Auch hier entscheidet sich der Toskaner meist für die naturnahste aller Möglichkeiten, für frisches Obst, am liebsten das der Saison und der Region.

Die Früchte müssen vollreif und knackfrisch sein. Sind sie das nicht mehr (und damit in einem Zustand, in dem Obst bei uns eben erst auf den Ladentisch kommt!), findet man es nicht mehr gut genug zum Roh-Essen. Die Früchte werden dann mit sehr, sehr wenig Zucker gekocht und als Kompott *(frutta cotta)* gereicht. Frutta cotta nimmt man am liebsten nach der *cena,* dem Abendessen also. Und zwar soll das Kompott möglichst noch lauwarm auf den Tisch kommen. Das sorgt nach fester Überzeugung der Toskaner für tiefen, erquickenden Schlaf. Probieren Sie es einmal aus: Wenn es auch nur Auto-Suggestion ist, es wirkt!

Cremespeisen und Flammeris sind hier als Dessert kaum gebräuchlich, abgesehen von der berühmten Karamell-Creme, die man in der ganzen romanischen Küche (und erfreulicherweise zunehmend auch bei uns) hoch schätzt. Weil Sie dieses Rezept in jedem guten französischen oder allgemein-italienischen Kochbuch finden können, sei hier darauf verzichtet.

Ob Früchte oder anderes Süße: Danach gibt's Espresso. War das Mahl besonders üppig und schwer, wird dem »kurzen« starken schwarzen Kaffee ein tüchtiger Schuß Fernet branca zugegeben. Das schmeckt zwar scheußlich, hilft aber garantiert exzellent verdauen. Sie können sich aber als Verdauungshilfe auch einen der vielen, oft hausgebrannten Kräuter-Digestive wählen, die alle in hervorragender Qualität zu haben sind. Vormerken für ein Mitbringsel aus der Toskana! Oder zur Erinnerung an den Urlaub zum Sich-selber-Verwöhnen zu Hause.

Süßes Gebäck liebt der Toskaner über alles. Es soll sehr frisch, am liebsten noch lauwarm sein. Er nimmt es manchmal in geselliger Runde zu Vin Santo, dem typischen Dessertwein, der sich Ihnen im Weinkapitel näher vorstellt. Diese Verbindung kann auch als Nachspeise durchgehen.

Kaffee und Kuchen ist niemals eine eigenständige Mahlzeit, sei es am Nachmittag oder zum Frühstück.

Ein stets willkommenes Dessert jedoch stellt das Stück Kuchen oder Kleingebäck zum obligatorischen Espresso am Ende der Mahlzeit dar. Sie finden eine Auswahl von Rezepten für klassisches Toskana-Gebäck am Ende dieses Kapitels.

Doch zuerst zu den charakteristischsten Desserts der Region.

Frutti alla Toscana

Dafür werden feine Früchte der Saison, wie Erdbeeren und Ananas, Melonen, Feigen, Aprikosen und Pfirsiche, Khakis, aber auch Äpfel und Birnen oder vorher eingeweichte Dörrpflaumen entsprechend vorbereitet und zerkleinert. In Portionsschälchen füllen, ganz leicht mit wenig Z cker bestreuen. Mit Zitronensaft beträufeln und mit mehr oder weniger Vin Santo begießen. Dieses fruchtige und »geistreiche« Dessert kann vor dem Essen vorbereitet werden, weil es rund eine Stunde Aroma ziehen muß. Das ist sehr praktisch.

Hier noch ein typisches Rezept der Wein-Region:

Birnen in Chianti
Pere alla Valdostana

4 große Birnen	*4 EL Zucker*
$\frac{1}{2}$ l roter toskanischer	*2 Gewürznelken*
Landwein	*1 kleines Stück Stangenzimt*

Die Birnen gut waschen und im Ganzen ungeschält in eine feuerfeste nicht zu große Form legen. Mit dem Wein begießen. Den Zucker darüberstreuen und die Gewürze dazugeben. Bei 170° (Gas Stufe 2) in der Röhre 60—90 Minuten köcheln lassen.
Die alkoholisch-fruchtige Sauce ist nun sirupähnlich eingedickt und um so köstlicher, je aromatischer die Früchte waren. Noch heiß servieren. Die Birnen werden auf dem Teller der Länge nach halbiert, das Fruchtfleisch löffelt man, mit etwas Sauce benetzt, aus den Schalen.

Eine andere, hier ebenfalls sehr beliebte Nachspeise ist natürlich Eis, das es überall in allerbester Qualität gibt. Besonders empfehlenswert — wie könnte es in der Toskana anders sein — ist Fruchteis mit besonders intensivem Obstaroma.

Selbst gemacht wird an Sonn- und Feiertagen oft

Halbgefrorenes
Semifreddo toscana — Lo Zuccotto

Die Köche der Katharina von Medici brachten es übrigens an den französischen Königshof, von wo aus es als Sorbet die große Küche Europas eroberte.
Sie können diese Köstlichkeit ganz nach eigenem Geschmack variieren, hier das Grundrezept:
Geschlagene süße Sahne mit reichlich kandierten Früchten und grobgehackten Mandeln vermischen. Die Masse teilen, eine Hälfte in eine Stahlschüssel füllen, in der auch noch Platz für die restliche Sahne ist. Im Tiefkühlgerät oder im Gefrierfach des Kühlschranks frieren lassen. Die restliche Sahne mit Folie abgedeckt einfach kalt stellen.
Wenn die Portion aus dem TK-Fach steif ist, wird sie in Scheiben geschnitten und mit diesen nun die Stahlform ausgelegt. Die übrige, nichtgefrorene Sahne verfeinert man mit noch mehr gehackten Nüssen und Mandeln sowie Kakaopulver, gehackter Schokolade und beliebigem Likör. Über die Scheiben gießen, mit gehackten Mandeln und Schokolade-Spänen bestreuen und alles im Gefrierfach fest, aber nicht zu hart werden lassen.

Eine exquisite eisige Köstlichkeit ist auch der

Geist der Rose
Essenza di rosa

200 g Blütenblätter von Mairosen (sie duften am intensivsten) werden in einem Topf mit 4 EL Wasser 10 Minuten gekocht. Kleinste Hitze wählen, den Topf bedecken, eventu-

ell etwas Wasser nachgießen, damit die Rosenblätter nicht anbrennen!

Dann die Masse abkühlen lassen, durch ein Sieb streichen und mit dem Saft und der abgeriebenen Schale einer halben naturreinen Zitrone sowie 200 g Zucker vermischen. Alles unter ständigem Rühren kurz durchkochen. Nach dem Erkalten leicht gefrieren lassen.

Halb Gebäck, halb Dessert ist die von allen Süßmäulern hochgeschätzte Spezialität der Signorina Liscia Marcucci vom Hotel Posta in Bagno Vignoni.

Meringen-Torte
La Meringa

2 Eiweiß	100 g Halbbitter-Schoko-
1 Pr. Salz	lade
100 g Zucker	1 Becher (200 g) Sahne
	1 Päckchen Vanillezucker

Das Eiweiß mit dem Salz sehr steif schlagen. Langsam den Zucker einrieseln lassen. Das Backblech mit Backtrennpapier auslegen, die Röhre auf 100° vorheizen. Mit dem Eßlöffel Häufchen von der Baisermasse abstechen und auf das Backblech setzen und in der Röhre ca. $2\frac{1}{2}$ Stunden trocknen lassen. Zwischen die Ofentüre wird währenddessen ein Kochlöffel gesteckt, daß die entstehende Feuchtigkeit gut abziehen kann. Die fertigen Meringen abkühlen lassen, in Würfel schneiden. Auch die Schokolade würfeln. Die Sahne mit dem Vanillezucker steif schlagen, die Hälfte der Meringen und die Hälfte der Schokolade untermischen.

Die übrigen Meringenwürfel in eine mit Backpapier ausgelegte Kastenform legen, mit der Sahne bestreichen, mit dem Löffel jede Schicht gut zusammendrücken. Mindestens eine Stunde bis zwei Tage in den Kühlschrank stellen. Vor dem Servieren aus der Form nehmen und in dicke Scheiben schneiden.

Im Herbst verwendet man gerne Kastanien, denn Eßkastanien gedeihen in den Mischwäldern vorzüglich.
Eines der absoluten Lieblingsrezepte aller Toskaner ist der

Monte bianco

1000 g Eßkastanien *1—2 Gläschen Weinbrand*
200 g Puderzucker *50 g bitteres Kakaopulver*
1 Päckchen Vanillezucker *200 g Sahne*
1 Gläschen Rum (größer *50 g bittere Schokolade*
oder kleiner)

Die Kastanien kochen, kreuzweise einschneiden und schälen. Durch ein Sieb pressen und mit dem Puderzucker (1 TL für die Sahne zurücklassen), dem Vanillezucker, Rum, Weinbrand und Kakaopulver vermischen. Alles noch einmal durch die Kartoffelpresse geben und diese lockere Masse auf Portionsteller häufen. Die Sahne mit dem restlichen Puderzucker steif schlagen und den Kastanienberg damit überziehen. Mit der groben Küchenreibe oder dem Kartoffelschäler die Schokolade reiben, auf den »Weißen Berg« streuen.

Mein Tip: Die Verwendung von Dosenkastanien erleichtert das Nachkochen des Rezeptes sehr, das Ergebnis ist nicht weniger köstlich.

Nun wie versprochen zum *Gebäck*. Ganz besonders schätzt man Fritiergebäck. Es wird in Olivenöl dritter Pressung, das praktisch keinen Eigengeschmack mehr hat, oder in Sonnenblumenöl ausgebacken. Außer den dort wie hier bei uns gebräuchlichen Gebäckstücken sind typisch:

Cenci
Eine Florentiner Spezialität

250 g Mehl	*2 EL Weinbrand*
30 g Butter	*Fritier-Öl*
2 Eier	*Mehl zum Ausrollen*
½ ungespritzte Zitrone	*Puderzucker zum*
1 Prise Salz	*Bestreuen*

Das Mehl mit der in Flöckchen zerteilten Butter, den verquirlten Eiern, der abgeriebenen Zitronenschale, dem Zitronensaft, Salz und Weinbrand verkneten. Den Teig zu einer Kugel formen und eine Stunde kalt stellen. Dann auf einer bemehlten Arbeitsplatte sehr dünn ausrollen. In Rechtecke zerteilen, in deren Mitte drei Einschnitte gemacht werden. Das Gebäck bekommt dadurch beim Bakken seine charakteristische Form. In Fritieröl goldgelb ausbacken, dann auf Küchenkrepp abtropfen lassen und mit Puderzucker bestreut servieren.

Aus einem Kloster in Pistoia stammt dieses würzige Fritiergebäck, von mittelalterlichen Mönchen erfunden:

Brigadini

150 g Zucker   1 TL Anis
100 g Mehl   Öl zum Backen
3 Eier

Den Zucker mit Mehl, den Eiern und dem Anis zu einem
geschmeidigen, sirupartigen Teig rühren. Das Öl in der
Pfanne sehr heiß werden lassen und etwas Teig hineingießen. Kleine, flache goldbraune Kuchen backen.

Mein Tip: Das Gebäck ist übersüß. Ich verwende Mehl
und Zucker zu gleichen Teilen: auf 1 Ei je 50 g.

Typisch ist auch

Reis-Fritiertes
Fritelle di riso

200 g Rundkornreis   1 ungespritzte Zitrone
½ l Milch   1 Prise Salz
1 EL Mehl   Fritier-Öl
2 Eier   3 EL Rosinen
1 EL Zucker   Zucker zum Bestreuen

Den Reis unter fließendem Wasser abspülen und trockenschwenken. In der Milch bei kleiner Hitze nicht zu weich
ausquellen lassen. Inzwischen die Rosinen einweichen.
Das kann in Wasser, wenn es besonders fein sein soll, auch
in Vin Santo geschehen. Das Mehl, die verquirlten Eier,

1 EL Zucker, die fein abgeriebene Zitronenschale, das Salz und die mit den Händen ausgedrückten Rosinen einrühren. Mit dem Eßlöffel Stücke von der Reismasse abstechen und in erhitztem Öl goldbraun backen. Auf Küchenkrepp abtropfen lassen und mit Zucker bestreut sofort servieren.

Eine üppige Variante dieses Rezepts sind die in und um Siena Festtagen vorbehaltenen

Sommommoli

200 g Rundkornreis	je 50 g Rosinen, kandierte
Salz	Früchte, grobgehackte
4 EL Mehl	Mandeln und gehackte Pistazien oder Walnüsse
2 EL Rum	
1 ungespritzte Zitrone	2 EL Zucker
2 ungespritzte Orangen	Öl zum Fritieren
	Puderzucker zum Bestreuen

Sie müssen mit den Vorbereitungen rund 24 Stunden vorher beginnen. Ausprobieren — das zaubert im voraus kulinarische Hochstimmung! Zuerst den Reis in leicht gesalzenem Wasser ausquellen lassen, dann 12 Stunden kalt stellen. Er kommt nun in ein großes Gefäß und wird mit 2 EL Mehl, dem Rum und der fein abgeriebenen Zitronen- und Orangenschale vermischt. Noch einmal 12 Stunden kalt stellen! Danach das restliche Mehl, Mandeln, Nüsse, kandierte Früchte und den Zucker einarbeiten. Mit einem Löffel, den man zwischendurch immer wieder in Öl taucht, Klößchen abstechen und in heißem Öl goldgelb fritieren. Noch warm mit Puderzucker bestäubt reichen.

Grundrezept für die besten Biskuits (biscotti), von Dauergebäck also, sind

Brezeln aus Lucca
Buccellati di Lucca

Im alten Rom war Gebäck aus diesem Teig, Buccallatum genannt, das Festtagsbrot für die Legionäre, im Mittelalter wurde es als Buccellatus den Feudalherren von den Untergebenen als Huldigungsgabe dargebracht.
Hier das Rezept:

500 g Mehl	*150 g Zucker*
20 g Hefe	*50 g Butter*
knapp 1/4 l Milch	*1 ungespritzte Orange*
1 Gläschen Vin Santo	*Mehl zum Ausrollen*
1 Ei	

Das Mehl auf die Arbeitsplatte oder in eine Schüssel sieben. Eine Vertiefung hineindrücken, die Hefe hineinbröseln. Mit etwas Milch und Mehl zu einem dünnen, glatten Teig verrühren. Vorsichtig mit einem Tuch bedecken und gut 30 Minuten aufgehen lassen. Dann das restliche Mehl, die übrige Milch, den Wein, das Ei, Zucker, Butter und die fein abgeriebene Orangenschale dazukneten, wenn nötig, noch etwas Wasser einarbeiten, damit ein fester, aber glatter Teig entsteht. Stücke vom Teig abnehmen, zu länglichen Rollen drehen und Brezeln formen. Auf ein gefettetes, mit Mehl bestreutes Backblech legen und bedeckt in ca. 45 Minuten auf doppelte Größe aufgehen lassen. Die Röhre auf 220° vorheizen (Gas Stufe 4) und die Brezeln je nach Größe von 30—50 Minuten backen. Sie schmecken sowohl frisch wie auch bei schwacher Hitze getrocknet als Zwieback gleich gut.

Ein anderes sehr feines Hefegebäck ist

Brot der Heiligen
Pan dei Santi

Traditionell ißt man es von Allerheiligen bis Weihnachten, jedenfalls aber am 1. 11., dem Allerheiligentag — das ist alte Überlieferung. Und wer würde sich solcher »Pflicht« nicht freudig unterziehen?

Am einfachsten ist es, die Grundlage, nämlich 300 g Hefebrotteig, entweder beim Bäcker zu kaufen oder aus Backfertigmischung herzustellen und die hier benötigte Menge abzunehmen, ehe Sie aus dem Rest Hefebrot oder Brötchen backen. Außerdem brauchen Sie:

50 g geriebene Haselnüsse	*½ ungespritzte Zitrone*
50 g Mandeln	*1 EL Öl*
50 g Rosinen	*Butter und Mehl für die*
50 g gemahlenen Anis	*Form*
	Mehl zum Kneten

Den Hefeteig mit Nüssen, Mandeln, Rosinen und 1 EL Anis sowie der fein abgeriebenen Zitronenschale und dem Öl verkneten. Zugedeckt an einem warmen Ort 30 Minuten gehen lassen. Dann in eine gebutterte und mit Mehl bestäubte Form legen. Oben kreuzförmig einschneiden, mit Wasser bepinseln und den restlichen Anis darüberstreuen und festdrücken. Unter einem Tuch an einem warmen Ort noch rund eine Stunde gehen lassen. Dann bei 200° rund 40 Minuten backen.

Kuchen werden beinahe immer mit Hefe gebacken. Eine Besonderheit der Gegend: Man läßt sowohl den Vorteig wie auch den fertigen Teig viel länger gehen als bei uns. Man rechnet jeweils rund eine Stunde. Das macht den Kuchen besonders kräftig im Geschmack, probieren Sie es doch einmal aus. Ganz traditionsbewußte Toskaner rechnen sogar je zwei Stunden. Dafür wird weniger Hefe verwendet als bei uns.

Viel saftiger und aromatischer als unser Gugelhupf ist der

Florentiner Schatt
Schiaciata alla fiorentina

300 g Mehl	1 Prise Salz
15 g Hefe	Butter und Mehl für die
100 g Zucker	Form
100 g Schweineschmalz	Puderzucker zum
1 ungespritzte Orange	Bestreuen
1 Päckchen Vanillezucker	

Das Mehl auf die Arbeitsplatte sieben. In die Mitte eine Vertiefung drücken und $\frac{1}{2}$ Tasse lauwarmes Wasser hineingießen. Die Hefe hineinbröckeln. Mit 1 TL Zucker und etwas Mehl zu einem dünnen Vorteig glattrühren. Mit einem Tuch bedeckt im Warmen rund 60 Minuten gehen lassen. Danach alles Mehl, den übrigen Zucker, das zimmerwarme Schmalz, die abgeriebene Orangenschale und den ausgepreßten Orangensaft, Salz und Vanillezucker daruntermischen. Eventuell noch etwas Wasser einarbeiten, bis ein fester, aber gut knetbarer Teig entstanden ist. Eine flache Backform gut ausbuttern und mit Mehl bestäuben. Den Teig hineindrücken und an einem warmen Ort mit einem Tuch bedeckt nochmals eine Stunde gehen lassen. Dann in der auf 200° vorgeheizten Röhre (Gas Stufe 3)

rund 40 Minuten backen. Nach dem Erkalten mit Puderzucker bestäuben.

Hier wieder ein Gebäck mit Geschichte: *Mantovana di
Prato.*
Wie man sagt, hat Isabella d'Este, die sechzehnjährig 1490
mit Francesco Gonzaga verheiratet worden ist und damit
Marchesa von Mantua wurde, das Rezept dafür den Medici in Florenz geschenkt. Von dort nahm Katharina, die
auch am französischen Königshof auf ihren Lieblingsku-
chen nicht verzichten wollte, es mit nach Paris. Weil es so
himmlisch schmeckt, nennt man das Gebäck auch

Torta del Paradiso

6 Eier
250 g Zucker
250 g Butter
250 g Mehl
1 Stange Vanille
1 ungespritzte Orange

*Butter, Puderzucker und
Mehl für das Blech
80 g geröstete gehackte
Mandeln
20 g gehackte Pistazien*

2 Eiweiß zu Schnee schlagen. Alle Eigelb mit dem Zucker
schaumig rühren. Die Butter im Wasserbad mit dem aus-
geschabten Vanillemark und der fein abgeriebenen Orangenschale weichrühren. Das Mehl und dann die Butter in
die Eigelbmasse einrühren, zuletzt den Eischnee unterheben. Ein Backblech gut buttern, dick mit Puderzucker,
dann mit gehackten Mandeln und Pistazien sowie etwas
Mehl bestreuen. Den Teig etwa 3 cm dick daraufstreichen.
Das Rezept sieht keine Hefe vor, die Torte muß also langsam bei sehr geringer Hitze (ca. 150°/Gas Stufe 1) in rund
einer Stunde mehr trocknen als backen.

Panepazzo

Verrücktes Brot lautet die wörtliche Übersetzung dieses Gebäcks aus der allersüdlichsten Toskana. Aus Radicofani stammend, ißt man es heute im ganzen Chianti-Gebiet gerne. Auch hier ist Hefe-Weißbrotteig die Grundlage. Man zweigt ihm beim Brotbacken, das heute auch in Stadthaushalten immer dann, wenn gerade Zeit und Lust vorhanden ist, noch gerne gepflegt wird, ab. Man kann ihn aber auch beim Bäcker kaufen oder aus Fertigteigmischung bereiten.

1000 g fertiger Hefe-Weiß-
brotteig
150 g beste Rosinen aus
vollreifen, sonnengetrock-
neten roten Trauben

125 g Honig
etwas gemahlener Pfeffer
Butter für die Form
1 Eigelb

Den Teig mit den Rosinen, Honig und Pfeffer verkneten. In gut ausgebutterte Formen beliebiger Größe geben und unter einem Tuch im Warmen rund 1 Stunde aufgehen lassen. Dann mit Eigelb bepinseln und in der auf 225° vorgeheizten Röhre goldbraun backen. Die Backzeit richtet sich nach der Größe der »verrückten« Brote.

Und noch einmal Feingebäck auf der Basis von Hefebrot-teig:

Weihnachtsbrot
Pane di Natale

Es wird zu Weihnachten, aber auch in den übrigen Winter-monaten gerne gegessen.
Verkneten Sie 1000 g Hefe-Weißbrotteig mit 150 g Honig, 100 g Rosinen, 50 g gehackten Nüssen und (das ist der Clou beim Essen, wenn es zwischen den Zähnen knirscht!) 100 g in kleine Stückchen zerstoßenem braunen Kandis-zucker. Wie Panepazzo weiterbehandeln und backen!

Sehr zart und duftig ist folgende seit dem 17. Jahrhundert hochgeschätzte Süßspeise, der

Lattaiolo

6 Eiweiß
100 g Zucker
150 g Mehl
1½ l Milch
1 kräftige Prise Zimt
abgeriebene Schale von
1 ungespritzten Zitrone

1 Prise geriebene
Muskatnuß
Butter für die Form
Puderzucker zum
Bestreuen

Das Eiweiß steif schlagen und langsam den Zucker einrie-seln lassen. Vorsichtig das gesiebte Mehl und die Milch un-terheben. Mit Zimt, geriebener Zitronenschale und Mus-kat würzen. Eine Springform gut buttern, den Teig hinein-füllen. In der auf 180° (Gas Stufe 2) vorgeheizten Röhre in ca. 45 Minuten goldgelb backen. Nach dem Erkalten mit viel Puderzucker bestreuen.

Eine echte Gaumenfreude, nicht nur für Toskaner, ist die Süßspeise mit dem hübschen Namen »Schlechte, aber Gute«

Brutti ma buoni

4 Eiweiß
250 g Zucker
350 g geriebene Mandeln
20 g geriebene Bitter-
mandeln
Butter und Mehl für die
Form

Vanillezucker
abgeriebene Schale von
ungespritzter Zitrone und
Orange
beliebiger Likör

Das Eiweiß steif schlagen, dann langsam den Zucker einrieseln lassen. Die süßen und bitteren Mandeln vermischen und in der heißen Röhre oder in einer ungefetteten Pfanne kurz anrösten, dann unterheben. Diese Masse 20 Minuten im Wasserbad erwärmen. Das Backblech einfetten, dann mit Mehl bestäuben. Von der Schaummasse mit dem Eßlöffel, der zwischendurch immer wieder in Wasser getaucht wird, Häufchen abstechen und auf das Backblech setzen. Teils mit Vanillezucker, teils mit Zitronen- oder Orangenschale bestreuen, oder mit Likör beträufeln. Die Häufchen in der auf 150° vorgeheizten Röhre (Gas Stufe 1) in ca. 45 Minuten mehr trocknen als backen.

Ricciarelli di Siena

Dies ist eine Spezialität von Siena und den südlichen Teilen der Toskana. Sie sollten möglichst frisch gegessen werden — das ist ein Genuß, wirklich würdig der Tafel »der Reichen«, wie der Name sagt.

200 g geschälte geriebene Mandeln
10 g geriebene Bitter-mandeln
200 g Zucker

1 Ei
kleine runde Backoblaten
Puderzucker zum Bestreuen

Die Mandeln mit den Bittermandeln, Zucker und dem steifgeschlagenen Eiweiß vermischen. Aus dem Teig kleine Kugeln drehen. Sie müssen sehr gut zusammengedrückt werden, damit sie nicht auseinanderfallen. Auf die Oblaten setzen, im Warmen (in der Sonne oder nahe der Zentralheizung) 12 Stunden trocknen lassen, dann bei 150° (Gas Stufe 1) im Ofen noch 20 Minuten mehr trocknen als backen.

Cavalucci senesi

250 g Zucker
100 g Honig
350 g Mehl
50 g gehackte Walnuß-kerne
50 g Orangeat
50 g Zitronat

reichlich Anis, Zimtpulver, gemahlener Koriander und geriebene Muskatnuß
Mehl zum Ausrollen
Butter und Mehl für das Blech

Im Wasserbad Honig und Zucker erhitzen, bis eine glatte Masse entsteht, die Fäden zieht. Vom Herd nehmen und

das Mehl einrühren. Dann alle anderen Zutaten dazugeben. Den Teig zu einer Kugel formen, in Folie wickeln und
mindestens 12 Stunden Aroma ziehen lassen. Dann auf einer bemehlten Arbeitsplatte ausrollen, Quadrate oder
Ovale ausschneiden und auf ein gebuttertes und bemehl-
tes Blech legen. Bei 150° ca. 25 Minuten backen. In einer
gut schließenden Dose aufbewahren, weil das Gebäck
Feuchtigkeit anzieht und sonst zu weich wird.

Zu guter Letzt

Panforte

Wenn auch die Toskaner stolz sind auf ihre Rezepte und allem voran auf ihre Süßspeisen — nichts erreicht die Wert-
schätzung von Panforte, mit dem nach Sieneser Überlieferung schon die Heiligen Drei Könige das Jesuskind be-
schenkt haben und das dann der Heiligen Familie auf der
Flucht nach Ägypten als Nahrung diente. Doch nun zu seiner konkreten Geschichte. In der römischen Antike finden
wir Rezepte dafür unter dem Namen pampepato — Sie lesen richtig, mit m! Rezepte für die notwendigen Gewürze
dafür findet man in alten Apotheken, so in der »Farmacia
Batigniani« in Buonconvento. Sie brauchen sie nicht zu
kennen: Verwenden Sie, wenn Sie Panforte backen, das
bei uns fertig gemischt angebotene Lebkuchengewürz.
In einem Dokument des Klosters Monteceleso bei Fonte-
becci vom 7. Februar 1205 wurde das Gebäck dann schon
panes pepato, Pfefferbrot also, genannt. Die dem Kloster
Abgabepflichtigen hatten nach schriftlicher Weisung die
Mönche damit zu versorgen.
Panforte bekommen Sie heute in jedem guten Geschäft

hauptsächlich in der südlichen Toskana. Weil es sich aber auch leicht selbst backen läßt, hier das Rezept:

1 Tasse Honig	*2 Tassen kandierte Früchte*
1 Tasse Puderzucker	*2 EL feingeschnittenes*
1 Tasse Mehl	*Zitronat*
1 TL Pfefferkuchengewürz	*Backoblaten*
1 Tasse ganze geschälte	*Puderzucker zum*
Haselnüsse	*Bestreuen*
1 Tasse ganze geschälte	
Mandeln	

Den Honig und den Puderzucker bei schwacher Hitze zu einer glatten Masse verrühren. Dann das Mehl, das Gewürz, Nüsse, kandierte Früchte und Zitronat untermengen. Die Masse auf Oblaten streichen und bei 150° (Gas Stufe 1) 30 Minuten backen. Nach dem Abkühlen dick mit Puderzucker bestreuen. In einer Dose luftdicht aufbewahren.

Gutes aus den Chianti-Hügeln

Die gutgepflegten Weinberge reichen bis an die Straße, kaum daß man Florenz hinter sich gelassen hat. Sanfte, unübersehbar über- und hintereinandergestaffelte Hänge bieten ihnen Sonne genug, um Süße und Aroma für den italienischen Wein schlechthin, den samtigen, würzigen Chianti einzufangen.

Weinstock reiht sich an Weinstock, klar abgegrenzt sind die einzelnen *vigne,* die Weinberge, sie bilden ein streng geometrisches Muster in diesem romantischen Landstrich, der wie kaum ein anderer Sehnsüchte und Träume weckt. Ein Goethe-Wort aus der *»Italienischen Reise«* drängt sich bei ihrem Anblick auf: »Es ist hier alles zugleich tüchtig und reinlich, Gebrauch und Nutzen mit Anmut sind beabsichtigt, überall läßt sich eine belebende Sorgfalt erkennen.«

Die Toskana ist in ganz Italien mehr verrufen als berühmt für Fleiß und Ordnung, gilt als die bestverwaltete Provinz, als die Region der »großen Arbeiter«.

Hier in den Weinbergen des Chianti, die harte Mühe und absolute Sorgfalt verlangen, fühlt man dies mehr als anderswo.

Doch, gäbe es hier nichts als mit Akribie kultiviertes Land — wie käme dann gerade »das Chianti« zu seinem Ruf als eine der schönsten Gegenden Europas?

243

Sehen Sie es sich doch selbst an. Hier fehlt dem schön-heitssuchenden Auge nichts zum vollkommenen Glück. Weiße Villen schimmern aus dunklen Zypressenalleen, denn in den Hügeln zwischen dem Wein haben reiche Florentiner ihre Sommerhäuser gebaut und tun dies immer noch. Das Laubwerk der Oliven legt in allen Monaten Silberglanz über die Landschaft, wie der schleierfeine Pinselstrich der Impressionisten. Winzige, malerische, uralte Orte und Flecken säumen überall die Straße. Wen wundert es, daß in dieser beinahe unwirklichen Märchenlandschaft hie und da sogar Burgen in den Himmel ragen?

Verläßt man allerdings die gut ausgebauten, durch die Täler führenden Straßen, so ändert das Chiantiland bald seinen Charakter. Dann erscheint es ernst und herb — und ist von ganz besonderer Schönheit.

Der Weg schlängelt sich in engen Schleifen an den Hängen empor, und bald wird er nur noch von harter, undurchdringlicher Macchia in vielfältigen Grün- und Braun-Schattierungen gesäumt. Steine jeder Größe bis hin zum Felsboden sind ein weiteres Merkmal der hochgelegenen Landschaftsabschnitte zwischen Florenz und Siena. Unendlich erstreckt sich der Horizont über den weiten Hügeln, Zypressen setzen sparsam-markante Akzente.

Hier kann es geschehen, daß Sie oft länger als eine halbe Stunde keinem Menschen begegnen. Kommt dann eines der uralten Dörfer, sollten Sie aussteigen. Zwar gibt es über keines Besonderes zu berichten, aber sie sind meist noch völlig unberührt und friedvoll (die riesigen, glänzenden, glatten Wein-»Silos« werden außerhalb errichtet).

Aber ganz gleich, ob Sie vom besten Chianti hier trinken wollen oder ihn mitnehmen möchten: Sie können ihn überall bekommen, ob in der Verkaufsstelle des Consortiums der Gemeinde, ob in der Trattoria, im winzigen Lebensmittelladen oder im Konsumgeschäft.

Weinlesetrubel und dessen Schattenseiten kennen die Chiantiberge erfreulicherweise noch nicht. Der Wein, der hier angeboten wird, ist der gleiche, den auch die Einheimischen selbst trinken.

Übrigens lohnt es sich, auch über die zollfreie Menge hinaus Wein mitzunehmen — der Zoll beträgt nur wenige Pfennige pro Liter, 5 Prozent des Einkaufspreises nämlich. Deshalb: Möglichst die Quittung aufbewahren, sie gilt als Unterlage für die Verzollung.

Bleibt noch zu sagen, daß man hier wie in allen anderen Weingebieten der Welt auch gern ein Gläschen ins Essen gießt. Ob Fleisch- oder die Tomatensauce zur Pasta, ob Fleisch oder Fischsud: Wein gibt jedem vom ihnen Säure und Aroma! Haben Sie nicht Lust, hier zum Essen einzukehren?

ANTICA TRATTORIA "*La Toppa*,,

50020 San Donato in Poggio (Firenze) - Tel. 055/807.29.00

In diesem preisgekrönten Restaurant in einem der schönsten Gebiete des Chianti, bei Tavernelle, speisen Sie immer gut. Geschlossen montags und vom 1.—15. August.

Premio Aquila d'oro

Kalbsschmorbraten auf Florentiner Art
Stracotto alla fiorentina

Für 6 Personen

1 kg Kalbfleisch aus der Schulter	Salz
3 Zwiebeln	Pfeffer
4 Karotten	Olivenöl
Petersilie	Rotwein (am besten Chianti)
1 Zweig Rosmarin	Tomatenmark
2 Knoblauchzehen	
etwas Zitronenschale im Ganzen (ungespritzt)	

Alle Gemüse und die Zitronenschale fein hacken. In einer tiefen Pfanne das Öl erhitzen, das Gemüse und das Fleisch darin anbraten und mit Salz und Pfeffer würzen. Bei milder Hitze etwa 20 Minuten schmoren, dann mit Chianti ablöschen und den Wein verdunsten lassen. Tomatenmark mit warmem Wasser verrühren, zum Fleisch geben und die Sauce in der bedeckten Pfanne bei geringer Hitze einkochen lassen.

Il Pozzo
Ristorante

Eines der angesehensten und angenehmsten Restaurants im Raum Siena ist »Il Pozzo« im historisch völlig erhaltenen Monteriggioni. Mit einem Michelin-Stern ausgezeichnet, der bedeutet: Eine sehr gute Küche verdient besondere Beachtung. Hier finden Sie eine angenehme Unterbrechung Ihrer Reise. Das Restaurant ist Sonntag abends und am Montag, außerdem vom 8.—25. 1. und vom 1.—22. 8. geschlossen.

Eine seiner auch im Kochkunst-Baedeker, dem Michelin, erwähnten Spezialitäten hier für Sie zum Nachkochen — es ist die Lieblings-Vorspeise aller Toskaner, die

Dicke-Bohnen-Suppe »Ribollita«
Zuppa di fagioli e pane

Uns scheint die Menge der Zutaten sehr hoch, trotzdem hier das Originalrezept. Weil sich die Suppe ebensogut heiß wie kalt essen läßt, sollten Sie es auf Reste ankommen lassen!

Für 4 Portionen:

1 kg weiße Bohnenkerne	*300 g Möhren*
Salz	*$\frac{1}{4}$ l Olivenöl*
5 Zwiebeln	*300 g geschälte Tomaten*
1 Stange Staudensellerie	*50 g Tomatenmark*
2 Wirsingköpfe (nicht mehr	*300 g altbackenes Weiß-*
als 250 g verwenden,	*brot in Scheiben*
meinen wir!)	*frischgemahlener Pfeffer*

Die Bohnen in Salzwasser weich kochen. In einem großen Topf die gehackten Zwiebeln im Olivenöl anbraten. Das übrige zerkleinerte Gemüse dazugeben und alles kochen lassen. Zum Schluß die Bohnen (zur Hälfte ganz, zur anderen Hälfte passiert) dazugeben. Mit Salz und Pfeffer abschmecken. Die Brotscheiben auf den Tellern verteilen und die Suppe darübergießen.

Ein Bauerngericht, zu dem man nichts anderes braucht, als was im eigenen Garten wächst, und das trotzdem sehr schmackhaft ist!

Es muß nicht immer Chianti sein

Auch wenn die Höhen des Apennin wenig fruchtbar sind, wenn in der südlichen Toskana Weizenfelder wogen und ein langer Landstreifen der Küste vorbehalten ist: Die Toskana ist Weinland. Er wächst überall, und sei es nur in kleinen Hausgärten, am massiertesten natürlich in den Hügeln des Chianti.

Weinbau ist hier eine uralte Kunst und steht, seit man denken kann, in aller Welt in hohem Ansehen.

Von hier aus trat die sympathische, typische Flasche, »il fiasco«, die bauchige Großflasche mit der Strohumhüllung, ihren Siegeszug an. Doch leider hat der überragende Erfolg des Chianti in dieser Verpackung über Jahrzehnte seinem Ruf geschadet: Die allzugroße Nachfrage verleitete Winzer und Abfüller zu Nachlässigkeit, ja, vielleicht sogar ein wenig zum »Strecken« mit minderwertigerem Wein.

Einer Handvoll Chiantiwinzern ließ dies keine Ruhe. Stolz auf die seit Generationen von der Familie bewirtschafteten Weinberge und auf den von ihnen gekelterten wunderbaren Wein, beschlossen sie, ihn zu rehabilitieren. Sie gründeten ein Consorzio, verpflichteten sich zu absoluter Qualität bei ihren Erzeugnissen und schmückten ihre Flaschen mit dem schwarzen Hahn. Der »gallo nero« wurde bald

zum Gütezeichen für Chianti classico. Und die Winzer des »gallo nero« grenzten ihr Gebiet auf das strengste ein. (Bei Ihrer nächsten Fahrt durch die Toskana sollten Sie auf die Schilder an der Straße achten, die die Gemarkungen dieser Winzergenossenschaft kennzeichnen.)

Neben diesem Consorzio entstand bald ein zweites, südlicher gelegenes, das als Echtheits- und Qualitätszeichen den »putto« wählte.

Auf beide Zeichen konnte und kann man sich verlassen. Allerdings hat so strenge Qualitätskontrolle und deren Verwaltung ihren Preis, und die Winzer selbst lassen sich die Garantie für wirklich guten Wein natürlich auch bezahlen.

So kam es 1984 zu einer Neuerung, die der Weinfreund unbedingt kennen sollte: dem Zeichen DOC*G*. Gerade der letzte Buchstabe G bürgt dafür, daß dieser Wein vom Landwirtschaftsministerium geprüft und für gut befunden worden ist, denn dieses G bedeutet: Garantie. Sie dürfen also auf diesen einen Buchstaben vertrauen, auch wenn der angebotene Toskaner-Wein kein anderes Qualitätszeichen trägt und relativ günstig angeboten wird.

Doch nun ein kleiner Steckbrief dieser köstlichen Weine.

Chianti ist eine sehr fest umrissene Bezeichnung. Die Trauben dafür müssen aus 75—90 % Sangiovese, 5—10 % dunklem Canaiolo und 2—5 % Trebbiano Toscano oder Malvasia del Chianti bestehen. Außerdem darf der Chianti darüber hinaus noch höchstens 10 % örtlich genau festgelegter Traubenarten enthalten.

Natürlich gibt es auch genau festgesetzte Erntemengen pro Rebstock und eine Beschränkung der Rebstockzahl für das jeweils bebaute Land. Der Winzer muß bei ständigen Kontrollen nachweisen, daß er nach sauberen, konventionellen und lokal bekannten Methoden keltert. Eine ganz besondere typische Methode wird als »governo all'uso del Chianti« bezeichnet, die je nach Gebiet verschieden ist.

Außerdem muß der Wein, wenn er mit dem G ausgezeichnet werden soll, leuchtend-klar sein. Seine rubinrote, lebhafte Farbe muß bei wachsendem Alter ins Granatrot nachdunkeln.

Beim Altern entwickelt er ein stark weiniges, unter Umständen ein wenig nach Veilchen duftendes, ausgeprägtes, feines Bouquet. Der harmonische, leicht tannige Geschmack wird mit der Zeit samtiger und weicher, besonders, wenn der Wein nach der »governo«-Methode gekeltert wurde.

Sein Restzuckergehalt darf nicht mehr als 4 g pro Liter betragen, Chianti ist also immer trocken. Sein Mindest-Alkoholgehalt: 11,5 % bei normalem, 12 % bei Chianti classico. Chianti darf nicht vor dem 1. März des der Traubenernte folgenden Jahres zum Verkauf gebracht werden. Nach wenigstens drei Jahren Lagerung kann er nach nochmaliger Prüfung das Prädikat »riserva« erhalten.

Wie schon gesagt: Ob die Weinflasche vom schwarzen Hahn oder vom Putto geziert wird oder ob Sie auf dem Etikett neben der staatlichen Registriernummer das DOCG-Zeichen finden — Sie können stets sicher sein, vorzüglichen Wein zu erwerben.

Daß ein toskanischer Wein minderwertig ist, erkennen Sie zum einen am Kronkorken- oder ähnlichen Flaschenverschluß, zum zweiten am Fehlen des Trauben-Jahrgangs auf dem Etikett, oder wenn ungenaue »Schmuck«-Bezeichnungen, wie *extra, fino* oder *fine, scelto* (Auslese), *selezionata* (ausgewählt), *superiore, vecchio* (alt) oder ähnliches das Etikett zieren.

Doch nun zu den einzelnen Gebieten und ihren speziellen Gewächsen:

Chianti dei Colli fiorentini. Dieses Anbaugebiet umfaßt den größten Teil der klassischen Chianti-Hügel mit Barberino Val d'Elsa, Rufina, Tavernelle und den vorliegenden Orten, reicht es bis Vinci und Fiesole, also nahe an Florenz heran. Dieser Wein wird meist als Chianti classico angeboten.

Weitaus am häufigsten ist der rubinrote, im Alter kardinalrote Vino nero, der mit einer Temperatur um 19° serviert wird. In seiner edlen Form erfreut er den Trinker mit Veilchenaroma, er ist immer sehr trocken mit leicht bitterem Nachgeschmack und schmeckt nach vier bis fünf Jahren Lagerzeit am besten. Ideal zu Gegrilltem und Gebratenem.

Chianti dei colli senesi kommt aus der südlichen Toskana. Dem chianti classico sehr ähnlich (und nach langer Lagerung leicht orangefarbig), ist er zwar ebenso harmonisch und trocken, doch etwas frischer im Geschmack. Er wird mit 18° zu Gebratenem und Schinken serviert, schmeckt aber natürlich zu allen anderen Gerichten ebenso vorzüglich. Dieser Wein kann gelagert werden.

Der *Brunello* aus Montalcino ist ein granatroter, schwerer Wein mit Weltruf. Trocken und doch harmonisch, sollte er schon lange vor dem Servieren aufgezogen und aus Gläsern mit großer Öffnung getrunken werden. Dieser ganz große Wein braucht Sauerstoff, um sein Aroma voll entfalten zu können. Er sollte frühestens nach fünf Jahren Lagerzeit getrunken werden und paßt hauptsächlich zu allem roten Fleisch — und besonders zu ganz großen Gelegenheiten!

Mein Tip: Jung einkaufen, dann ist er noch relativ erschwinglich. Zu Hause sorgfältig lagern.

Aleatico di Montepulciano, der sich sehr gut lagern läßt, finden Sie weiter östlich. Im Charakter dem Aleatico von Elba ähnlich, jedoch leichter!

Und nun wieder ein ganz großer Name, den Sie auf vielen Etiketten mit nach Hause nehmen sollten:

Nobile di Montepulciano ist granatrot und duftet nach Veilchen. Dieses edle Aroma entfaltet er allerdings erst nach mindestens drei Jahren Lagerung. Ein besonderer Genuß zu Hühnergerichten bei einer Trinktemperatur von 18—20°.

Weniger berühmt, doch ebenfalls eine wahre Gaumen-freude sind auch folgende Weine der südlichen Toskana:

Bianco di Val d'Arbia, Weißwein aus dem Arbia-Tal also, ist blaßgelb, lieblich und trocken mit leicht herbem Nachge-schmack.

Bianco dell'alta Val Chiana aus dem Chiana-Tal, hellgelb bis ins Grünliche schimmernd, außergewöhnlich klar im Aroma sowie der sehr ähnliche *Valchiana di Sinalunga.*

Rosso di Chiusi, der, jung, würzig, trocken und äußerst har-monisch schmeckt, ist ein vorzüglicher Tafelwein, der zu allem außer Fisch bestens paßt.

Rosso dei colli d'Arezzo, auch *Chianti aretino* genannt, stammt aus der Gegend von Arezzo. Ein rubinroter Wein mit kurzer Reifezeit, der auch jung gut schmeckt und kei-nesfalls länger als vier Jahre lagern darf. Ein köstlicher Tischwein, der zu allem paßt.

Bianco della Val di Chiana (oder *Vergine di Val Chiana*) leuchtet im Glas sehr blaß und sehr grünlich, aber immer klar. Leicht säuerlich, frisch und duftend, serviert man ihn bei rund 10° zu Fisch und Vorspeisen.

Blaßgelb, von zarter Säure und apartem Duft ist auch der *Bianca di Cortona,* den man ebenso kalt zu Fischgerichten reicht.

Vernaccia di San Gimignano ist erhaben über alle Wertungen und wird von Weinkennern auch über alles gestellt. Der hell goldfarbene, trockene Wein mit leicht herbem Nachgeschmack gewinnt mit längerem Lagern an Charakter. Er wird sehr kalt zu Vorspeisen und Fisch gereicht und ist in jedem Geschäft in der Toskana ausgesprochen preiswert und gut zu haben. Eine Empfehlung noch: Michelangelo liebte diesen Wein besonders und charakterisierte ihn folgendermaßen: Ein Wein, der verbrennt, schmeichelt, beißt und sticht ... Eigenschaften, die aus dem Mund des gewiß nicht sanften großen Künstlers nur als Lob gedacht sein können.

Auch die beiden folgenden Weißweine sollten Sie kennen. Sie sind wenig bekannt, doch immer gut. Sie müssen jung getrunken werden und sind nicht länger als drei Jahre lagerfähig:

Pomino bianco, ein blaßgelber, trockener Wein, der vorzüglich zu Fisch paßt, sowie der

Capezzana bianco von dunklem Gelb, der, wie man in der Toskana sagt, »nach Mai riecht« und gerne getrunken wird, wenn es sehr heiß ist.

Candia rosso, ein rubinroter, beinahe durchsichtig-klarer Wein, nicht zu trocken, mit blumigem Aroma, kommt aus der Gegend um Massa Carrara. Man trinkt ihn nicht zu kalt zu Nachspeisen und zum Käse. Schmeckt jung am besten!

Candia bianco. Schon sein Anblick ist ein Genuß: Blaßgelb bis golden, opalisiert er ein wenig im Glas. Süß und süffig, schmeckt er leicht nach »Honig und Blumen«, wie die Einheimischen sagen. Nicht zum Lagern geeigneter Dessertwein.

Rosso di Colle Salvetti. Der leuchtend rote, trockene Wein duftet würzig fruchtig und schmeckt am besten nach drei Jahren Lagerung. Er wird meist zum Cacciucco, der Fischsuppe, getrunken.

Bianco detto Ugolino (auch *Biserno* oder *Bianco di Conoratico* genannt) schimmert hellgelb und durchsichtig im Glas. Trocken, mit blumigem Aroma und apart-säuerlichem Nachgeschmack, eignet er sich vorzüglich zu allen Fischen und Schalentieren. Selten, da stark limitiert! Beide Weine kommen aus der Gegend von Livorno.

Montecarlo rosso kommt aus Lucca, ein dunkelroter, alkoholreicher Wein, der jung, aber auch gelagert gut schmeckt und seine volle Reife nach drei Jahren erlangt. Man reicht ihn vor allem zu Wild und Geflügel.

Montecarlo bianco, blaßgelb, leicht fruchtig und trocken, ebenfalls meist über 12 Grad Alkohol enthaltend, ist ein ganz großer Wein für Feste, zu Vorspeisen und Fisch. Montecarlo rosso und bianco gibt es auch aus der Gegend um Pistoia. Dort ist er noch schwerer und kann bis zu fünf Jahren gelagert werden.

Weine von der Insel Elba, die Sie dort versuchen und als Andenken an schöne toskanische Sonnenstunden mit nach Hause nehmen sollten, sind:

Sangiovese dell'Elba, der gebräuchliche rote Tischwein, schmeckt trocken, frisch und leicht blumig. Kenner schätzen ihn am meisten, wenn er etwas gelagert aus der Gegend um Capoliveri kommt.

Aleatico di Portoferraio, auf erzhaltiger Erde gewachsen, ist dunkel-granatrot und etwas süßlich. Charakteristisch ist sein leicht metallischer Nachgeschmack. Er ist der beste Dessertwein der Gegend und kann gut gelagert werden.

Elba hat aber auch vorzügliche Weißweine vorzuweisen.

Procanico ist ein blaßgelber, delikater, trockener Wein von intensivem Aroma. Er paßt besonders gut zu Fisch und Schalentieren, wird aber auch gerne als Aperitif getrunken.

Moscato dell'Elba hat durch die aus dem Boden aufgenommenen Eisensalze einen metallischen Geschmack. Goldgelb und von süßem Fruchtaroma, war er der Lieblingswein Napoleons während seiner kurzen Herrschaft über Elba. Aus ihm wird auch *spumante* gemacht, also Schaumwein, der im Urlaub vorzüglich schmeckt.

Ansonico ist eine Besonderheit der südlichen Küste um Groseto, aber auch auf der Insel Giglio. Es ist ein blaßgelber bis bernsteinfarbener Wein von besonders intensivem Aroma, trocken und frisch und deshalb der ideale Wein zu Fischgerichten und Schalentieren. Er wird sehr kalt (bei rund 8°) gereicht. Den Ansonico gibt es auch noch in süßerer Form als Dessertwein, er darf dann beim Trinken 15—18° haben. Nicht länger als 5 Jahre lagern!

Köstliche Dessertweine sind die süßen Weine der Toskana: Feiner und leichter als der weiter aus dem Süden stammende Marsala, werden sie von Kennern hochgeschätzt und oft auch schon bei uns in gutsortierten Fachgeschäften oder den Lebensmittelabteilungen von Kaufhäusern angeboten. Der bedeutendste:

Vin Santo, den man in der ganzen Toskana keltert und zu Gebäck als Dessert liebt. Goldgelb bis leicht bräunlich, trinkt er sich am besten nach drei bis zu fünf Jahren Lagerung. Es gibt ihn in verschiedenen Süßegraden, und er wird häufig mit bestem Sherry gleichgestellt.

Pasito del Santo ist ebenfalls ein Likörwein und ähnelt dem Vin Santo. Aus einer anderen Traubensorte gewonnen, ist er noch süßer als dieser.

Wasser ist das Beste ...

Chianti, der bekannteste der Weine aus dem Herzland Italiens, hat wieder einen guten Ruf. Sie können darüber in unserem Wein-Kapitel nachlesen. Ihn kennt jeder, der gerne ißt und trinkt.

Vom Wasser der Toskana aber, dem für mich subtilsten aller flüssigen Genüsse, spricht niemand.

Und doch verdient es mindestens ebensoviel Beachtung wie der samtige Rote. Denn hier ist es noch so rein, wie wir uns dies wünschen. Der Trinkgenuß beginnt im Restaurant, wenn Sie gefragt werden, wieviel Kohlensäure Ihr Wasser haben soll. Denn außer *»non gazata«*, Wasser ohne prickelnde Perlen also, bis hin zum *»gazata«*, das unserem kohlensäurehaltigen Mineralwasser entspricht, hat hier jeder gute Padrone mindestens noch zwei weitere Tafelwasser mit unterschiedlichem Kohlensäuregehalt zu bieten. Gerade diese Zwischenstufen sind ganz besonders köstlich: Nicht so müde und durststillender als stilles Wasser, aber weniger aggressiv als die meisten unserer kohlensäurereichen Mineralwasser.

Beinahe alle in der Toskana im Restaurant oder Lebensmittelgeschäft angebotenen Tafelwasser stammen aus der Region. Und kaum eines dieser Wasser wird im Ausland verkauft.

Die meisten entspringen im südlichen Apennin-Ausläufer und werden dort von kleinen Familienbetrieben abgefüllt und vertrieben. Vorzüglich und absolut hygienisch sind sie alle; die Überwachung von Wasser aller Arten ist in Italien besonders streng. Jedes Speiselokal hat seine spezielle Bezugsquelle, auf die es schwört und von der es oft seit Generationen das Tafelwasser bezieht.

Der Wirt freut sich, wenn Sie (ebenso wie übers Essen und den Wein) ein paar Worte über sein Mineralwasser sagen, denn das beweist, daß Sie dessen Qualität anerkennen. Die Toskaner sind auf ihr Wasser nämlich besonders stolz.

So wird auch eine ganz andere Art von Mineralwasser nicht weniger geliebt: die Heilwasser, in denen sich Toskaner jeden Alters gesundbaden. Die Wasser der unzähligen Heilbäder, vom großen, eleganten k. u. k. Gesellschafts-Badeort *Montecatini,* über das moderne Leber-Bad *Chianciano* in der südlichen Toskana bis zu den kleinen bis winzigen Bädern wie *Saturnia, Bagno Vignoni* und *Bagno San Filippo,* werden, wenn überhaupt, während einer Kur als reine Heilmittel getrunken.

In Ihnen bekannten Restaurants dürfen Sie auf abgefüllte Mineralwasser jedoch ganz verzichten. In wirklich bodenständig und gut geführten Lokalen kommt auch heute noch ein Krug mit eiskaltem, quellfrischem Leitungswasser auf den Tisch. Das schmeckt unübertrefflich köstlich. Wenn nicht auf jedem Tisch frisches Wasser steht, sollten Sie es verlangen. Man bringt es Ihnen gern und hat nur darauf verzichtet, weil die meisten Ausländer nicht viel von *aqua normale* halten — sie kennen eben nur gechlortes Leitungswasser.

Doch, wie schon gesagt: Sie müssen das Restaurant, in dem Sie sich an klarem Wasser erquicken, genau kennen und wissen, daß dort alles hygienisch ist!

Die Wasserleitungen der südwestlichen Toskana werden

fast ausschließlich vom höchsten Berg, von den Quellen des Monte Amiata, gespeist. Im Norden und Osten kommt das frische, reine Apennin-Wasser aus den Leitungen.

Mein Tip: Besonders in kleineren Orten steht meist in der Ortsmitte ein Pumpbrunnen, von dem sich echte, qualitätsbewußte Toskaner ihr Trinkwasser holen, weil ihnen selbst das so vorzügliche Naß aus der Leitung nicht gut genug ist.
Wollen Sie das bei Ihrem nächsten Toskana-Besuch nicht einmal ausprobieren? Überzeugen Sie sich! Toskana-Wasser ist das Beste ...

Liste der empfohlenen Restaurants
(Stand: Januar 1986)

Buca di S. Francesco
Via S. Francesco, N. 1 (nahe der Kirche San Francesco)
AREZZO
(Geschlossen Montag abends, dienstags und im Juli)

Hotel Minerva
Via Fiorentina, N. 2
AREZZO
(Geschlossen vom 1.—18. August)

Albergo Posta
BAGNO VIGNONI (Thermalbad bei SAN QUIRICO)
(Das ganze Jahr geöffnet)

»La Toppa«, Antica Trattoria
SAN DONATO in POGGIO
(Geschlossen montags und vom 1.—15. August)

Ristorante Soldaini
Di eredi buccianti
Via Mazzini, N. 11
CARRARA
(Geschlossen montags und den ganzen August)

Ristorante »Buca Lapi«
Via del Trebbio, 1R
FLORENZ

Ristorante 13 Gobbi
Via del Porcellana 9/r
FLORENZ
(Geschlossen sonntags, montags und vom 28. Juli bis
29. August)

Trattoria Armando
di Pieralli Pieri
Borgo Ognissanti 140 r (nahe dem Opernhaus)
FLORENZ

Buca San Lorenzo
Viale Manetti, 1
GROSSETO
(Geschlossen freitags und vom 1.—16. Juni)

Ristorante »La Parmigiana«
di Dei Carla
Piazza L. Orlando, 8/10
LIVORNO
(Geschlossen sonntags und im Juli)

Buca di S. Antonio
Via delle Cervia, 3
LUCCA
(Geschlossen Sonntag abends, montags und vom 7. bis 29. Juli)

Ristorante S. Francisco
Corso Roma, 112
MONTECATINI Therme
(Geschlossen donnerstags und nachmittags)

Ristorante »Il Pozzo«
MONTERIGGIONI b. Siena
(Geschlossen Sonntag abends, montags, vom 8.—25. Januar und 1.—22. August)

Ristorante Enoteca »Sergio«
Lungarno Racinotti, 1
PISA
(Geschlossen sonntags, montags, im Januar sowie vom 15.—28. Juli)

Rezeptregister, italienisch

Rezeptregister nach Sachgruppen

DESSERTS UND SÜSS-SPEISEN

Alphabetisches Rezeptregister

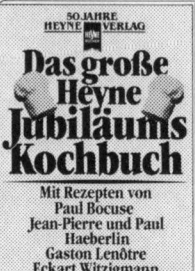